JN079174

キリストはいつも身近に

混乱と不安の中にある神の愛

氏家富緒

この作品には、現代では不適切とされる表現が含まれていますが、実際の時代背景に基づいて作成しているためであり、これらを肯定・助長するものではございません。

まえがき

どこまでも高く澄み切った青い空、底まで見える透き通った海、目高や小鮒が泳いでいた水清き小川、これらは幼い頃の思い出です。

春は道端にすみれやたんぽぽが咲き乱れ、初夏の夜は螢が乱舞し、夏は様々な蝉のオーケストラ、晩秋の空は鳴き乍ら飛び渡る雁の群、冴え渡った冬の夜空にキラキラと輝く満天の星、これらが見聞きできなくなってきていることは、誠に悲しい限りです。

旧約聖書の書き出しは「元始（はじめ）に神天地（かみてんち）を創造（つくり）たまへり」（創世記第一章一節）であります。

天地創造の主である神が、宇宙を創造される件（くだり）を、その作業を始めた第一日目から、作業を終えられた六日目までを、大変ロマンチックに壮大なスケールで書かれてあります。

人に関しては、「神其像（かみそのかたち）の如（ごとく）に人（ひと）を創造（つくり）たまへり」（創世記第一章二七節前半）とありますように、人も父なる神によって創られた被造者であります。神の姿に似せ理想的な像として造られているとしても、他の動物と同じように被造物の一種なのです。この大自然の中で生かされているのです。

このように生かされている身であり乍ら、すっかり創造神のことを忘れ、自己本位に生きているから、様々な問題が発生するのです。

例えば生活の手段である筈の金銭が、実物経済から遊離して一人歩きをし、人間の限りない欲望の対象となっていることです。成る程、この世では金さえあれば殆んどのものを手に入れることができるため、金を手に入れること自体が目的となり、金が王様となってこの世を支配しているのが現状です。

その結果として巨大投機マネーが無制約に世界を駆け巡り、リーマンショック、ドバイショック、ギリシャショック等、実体経済に多大の悪影響を及ぼして来ているのが現実です。一握りの年収百億円以上の人達がいる反面、多くの年収百万円以下の人々が、生活に喘いでいるという状況です。

企業も人件費の安い海外に拠点を移し、国内では弾力的に何時でも解雇できる派遣社員で、急場を凌いでいるのが大勢であります。

これらは皆、父なる神を全く忘れ、飽くなき欲望追求に驀進している結果なのです。

大気汚染、河川や海の汚染、これらに起因する気象異変等の自然破壊も同然であります。

処女作「神はその獨子(ひとりご)を賜(たま)ふほどに」では、農耕民族であった日本人の先達が、大自然の神秘に触れ、人知を超越したこれらのものを神々として崇めて来た経緯と、世界三大宗教のアウトラインを述べた上で、創造神の恵みによる霊魂救済の道について書きました。

第二作「神の義による恵みに生きよ」では、キリスト教徒迫害者から一転回心してキリスト教宣教師となったパウロが、当時世界の中心地であったローマで虐げられてきた当地のキリスト教徒宛に書かれた手紙を中心に、神の限りない愛について書かせて戴きました。

いずれも、神と断絶状態となっている人間に対して、父なる神の一方的な恵みによる霊魂の救いの道が用意されていることを書きました。

第三作の「神の義の恵みと怒り」に於ては、前二作と異り、父なる神を全く蔑(ないがし)ろにし、自己中心となって他人のことを顧みることもなく、止まることを知らない己の欲望を追い求めて余念のない人間共に対する「神の怒り」にウェイトを置いて書かせて戴きました。

今回は、様々な警告にも拘わらず自分本位に生きている人達を尚も愛して止まない父なる神がその最後の手段として、その獨子迄もこの世に送り込み、その清い身に人類の凡ての罪を背負わせて十字架にかけるという代価を払って迄、人類の救いの道をご用意下さった神の慈愛と、その獨子イエス・キリストご本人につき、聖書の福音書に基き書かせて戴きました。

これも霊感によるお導きの賜物でありまして、主・イエスの三年余に亙る伝道生活を学ぶことによって、一人でも多くの方々が、霊魂の救いの道を会得して下されば本望であります。「それ神はその獨子を賜ふほどに世を愛し給へり、すべて彼を信ずる者の亡びずして永遠の生命を得んためなり。神その子を世に遣したまへるは、世を審かん爲にあらず、彼によりて世の救はれん爲なり」（ヨハネ伝第三章一六～一七節）。

この度は、第一刷、第二刷の内容を精査し、改めるべきところは改め、付け加えるべきところは付け加え、神の獨子イエス・キリストの血の贖いをより分り易く理解して戴けるよう改訂しました。（二〇一五年二月三日改訂）

まえがき……3
序　論……15
エデンの東の園での出来事……15
エジプトからの脱出と十戒……20
福音書でのキリスト……35
旧約聖書でのイエスについての予言……39
本　論……43
イエスの誕生……44

バプテスマのヨハネによる霊魂救済への地均しと　イエス宣教の始まり
「神の子イエス・キリストの福音の始」……49
イエスの最初の弟子達とカペナウムの会堂での出来事……52
カペナウムの会堂を出てからの　その町での出来事とガリラヤ全地での宣教……55
カペナウムへの再訪問とそこでの奇跡、及びレビを召し出す……60
断食と安息日についてのイエスの教え……64
再びカペナウムの会堂とガリラヤ湖岸での出来事と　イエス十二使徒の任命……67
イエスの聖霊の力と聖霊を穢す罪、　又、イエスの母、兄弟達とは……70
種が蒔れた地面と生長する種のたとえ……74

神の国のたとえと、真の信仰とは……79
悪霊に取り付かれた人を癒す……81
長血の女のいやしと会堂長の娘を生かす……85
イエスの郷里での宣教と十二弟子達の派遣……90
ヘロデ王の恐れとバプテスマのヨハネの死の理由……92
十二使徒達の帰還と五千人の人達の食物を賄う……96
ガリラヤ湖上の徒渉と、ゲネサレでの癒し……99
人間の言い伝えと真実の教えとの違い……101
ツロ地方での悪霊払いとガリラヤ湖畔での聾唖者の癒し……105

空腹の四千人の人達への食物提供と「しるし」を求める現代人並にパンの種のなし……108
ベツサイダでの盲人の癒しと、イエスご自身の苦難と死とよみがえりの予告……112
イエス栄光の姿となる……116
おしとつんぼの悪霊の追い出しと、死と甦りの二度目の予告……119
一番偉いのは唯か反対しない者は味方だ、信仰を妨げる者の罪……123
結婚と離婚、子供の受け入れ、資産家の憂い……126
神の国とこの世の富、イエスや福音のための報酬、イエス三度目の死の予告……130
ヤコブとヨハネの願い、イエス盲人をいやす……133
エルサレムへの入場、実のないいちじくの木をのろう、イエスの宮きよめ……137

枯れたいちじくの木の教訓とイエスの権威に関する質問……141
悪い農夫のたとえと納税義務について……144
復活についてと一番大切な戒めとは、又、律法学者達の偽善と心からの献金とは……148
世の終りの前兆とは何か、弟子達への迫害や偽予言出現の予告……154
人の子の来臨とそれを待つ人々の心構え……158
或る女がイエスに香油を注ぐ、イエスを殺す企みとユダの裏切り、裏切り者への警告……161
最後の晩餐とペテロ否認の予告、ゲッセマネでのイエスの祈りと逮捕……165
全議会でのイエスとペテロの否認……171
ピラトの前でのイエスと死刑の宣告、イエスに対する兵士達のあざけりと十字架……175

イエスの十字架上での死と埋葬……180

イエスの復活とマグダラのマリヤへの顕現　十一使徒への顕現とその派遣　昇天……183

結論……189

一、イエスの弟子の選び方……191

一、本当の「信仰」とは、……193

一、凡ての戒めの中で一番大切なもの……195

一、肉的姿にてこの世に送り込まれている故のイエスの悩み……196

一、ペテロの躓き……198

一、一〇〇パーセントのイエスへの信頼……199

あとがき …… 201
【参考文献】 …… 205
著者略歴 …… 206

序　論

エデンの東の園での出来事

旧約聖書創世記に書かれていることによりますと、天地を創造した神がその作業を始められてから六日目に、神ご自身やその僕の天使達の像の如くに人を作り給う件があります。

「神言給けるは我儕に象て我儕の像の如に我儕人を造り之に海の魚と天空の鳥と家畜と全地と地に匍ふ所の諸の昆蟲を治めんと、神其像の如くに人を創造たまへり即ち神の像の如くに之を創造之を男と女に創造たまへり

神彼等を祝し彼等に言たまひけるは生よ繁殖よ地に満盈よ之を服従せよ又海の魚と天空の鳥と地に動く所の諸の生物を治めよ　神言たまひけるは視よ我全地の面にある實蓏のなる諸の草蔬と核ある木果の結る諸の樹とを汝等に與ふこれは汝らの糧となるべし　又地の諸の獣と天空の諸の鳥および地に匍ふ諸の物等凡そ生命ある者には我食物として諸の青き草

を与ふと即ち斯なりぬ　神其造りたる諸の物を視たまひけるに甚だ善りき　夕あり朝ありき是六日なり」（創世記第一章二六～三一節）

このように、父なる神は万物創造の作業の最終日に於て、神ご自身の姿に似せて理想的姿に人を作り、海の魚と空の鳥と地に動く凡ての生物を治めるよう特別の権限迄も賦与し、更に、生めよ、増えよ、地に満てよと、造られし人を祝福して下さいました。そして、理想的な神の王国建設に協力させるべく計画していたのであります。

そこで父なる神は、人が自由に伸々と楽しく暮せるようにと、エデン（※ヘブライ語で「歓喜」という意味だそうで、シュメール語で「平地」を意味するエディヌーに由来すると言われています。それは、バビロニア平原地方にあった地名であったようです）の東の方面に楽園を設けて、そこに人類の祖アダムを置きました。これに関し創世記に次のように書かれています。

「ヱホバ神エデンの東の方に園を設けて其造りし人を其處に置たまへり　ヱホバ神觀に美麗く食ふに善き各種の樹を土地より生ぜしめ又園の中に生命の樹および善惡を知るの樹を生ぜしめ給へり」（創世記第二章八～九節）。

そして神は、「人獨なるは善らず我彼に適ふ助者を彼のために造らん」（創世記第二章一八節中段）と、アダムの爲に妻エバを造って彼に娶らせました。

「アダムと其妻は二人倶に裸體にして愧ざりき」（創世記第二章二五節）とありますように、二人共素裸であっても、何ら恥かしいとは思わなかったのです。

この何不自由のない楽園で生活するに当って、父なる神はたゞ一つだけ人が厳守しなくてはならない規範を定めて、人に言い渡しました。それは園の中にある「善悪を知の樹」の果だけは、これを採って食してはならないと言うことでありました。「ヱホバ神其人に命じて言たまひけるは園の各種の樹の果は汝意のまゝに食ふことを得、然ど善悪を知の樹は汝その果を食ふべからず汝之を食ふ日には必ず死べければなり」（創世記第二章一六～一七節）とある通りです。

しかし、人の心（霊魂の力）は弱いもので、父なる神の留守を見計らって楽園に侵入して来た蛇（サタンの化身）の誘惑に負けて、禁断の樹の実を食してしまったとあります。

これに関し創世記第三章四～七節には、次のように書かれてあります。

「蛇婦に言けるは汝必ず死る事あらじ　神汝等が之を食ふ日には汝等の目開け汝等神の如くなりて善悪を知に至るを知りたまふなりと　婦樹を見ば食に善く目に美麗しく且智慧からんが爲に慕しき樹なるによりて遂に其果實を取て食ひ亦之を己と偕なる夫に與へければ彼食へり　是において彼等の目倶に開て彼等其裸體なるを知り乃ち無花果樹の葉を綴て裳

を作り（つく）れり」

このように「善惡を知の樹」の実を食べるとあなたは死ぬことになりますと父なる神から言われたとエバが蛇に答えたのに対し、蛇は「必ず死ぬなんてそんなことはあり得ないことです。却ってそれを食べることによって、あなたは開眼して神様のようになり、善悪を正しく判断できるようになるのです」と食することを勧めました。なるほど、エバがその樹を良く眺めると、その実は美しくおいしそうで、食べると頭が良くなるように思えたので、神の厳命にも拘わらず誘惑に負けて、彼女は遂に、その実を取ってこれを食し、夫アダムにもこれを与えたので、夫もそれを食してしまったのです。

その結果、アダムとエバは今迄は何も気にしていなかった自分達の裸の姿を見て恥ずかしくなり、いちじくの葉で局所を隠したのです。

このように、元々神の領域であった善悪の判断を人も出来るようになり、又、神のような知恵者となり、悪と知りつゝこれを行なうことを決断したり、実行したりして数々の罪を犯すようになりました。

父なる神が定めた唯一の掟さえ、アダムとエバが誘惑に負けてその禁を破ったことが、いわゆる原罪と言われるものでありまして、これによって神と人とが断絶状態となったのであります。

これに関し聖書に「又婦に言たまひけるは我大に汝の懐妊の劬勞を増すべし汝は苦みて子を産ん又汝は夫をしたひ彼は汝を治めん　又アダムに言たまひけるは汝その妻の言を聴て我が汝に命じて食ふべからずと言たる樹の果を食ひしに縁て土は汝のために詛はる汝は一生のあひだ勞苦て其より食を得ん　土は荊棘と薊とを汝のために生ずべしまた汝は野の草蔬を食ふべし　汝は面に汗して食物を食ひ終に土に歸らん其は其中より汝は取れたればなり汝は塵なれば塵に皈るべきなりと」（創世記第三章一六～一九節）と書かれてありますように、神によって女性には出産の苦しみが課せられ、男性は一生の間額に汗して働かなくては生きられなくされたのであります。更に、人は必ず死ぬべく運命づけられました。

そして、父なる神は二人をエデンの東の園から追放し、この楽園の中に生えている「生命の樹」の実が取られることがないようケルビム（※天使とは別に神が特別に作られた生きもので、人間の理性と獣のような力を持つものとして、人の頭と獣の如き体と有翼の姿をしています。この超人的な威力を象徴している生き物は、神の臨在を示すと共に、汚れた人間が聖なる神には容易に近づくことができないしるしとされています）と、自動的に回転する炎の剣を配備して、「生命の樹」に至る道をガードさせせました。

「斯神其人を逐出しエデンの園の東にケルビムと自から旋轉る焔の劍を置て生命の樹の途を保守りたまふ」（創世記第三章二四節）とある通りです。

このように、エデンの東の出来事以来、神と人間とは断絶状態となりました。しかし、父なる神ご自身が、その像の如く理想的姿として創造した人のことを、決して見捨てることはありませんでした。それは、その後の歴史が証明する通りであります。

エジプトからの脱出と十戒

旧約聖書に記載されている「出エジプト記」を理解するに当っては、イスラエルの族長の一人であったヤコブとその息子ヨセフについて語らなければなりません。

ヤコブはイサクとリベカとの間に生まれた双子兄弟の弟で、生まれる時兄エサフの踵を掴んでいたので、ヤコブと名付けられたそうです。後に改名してイスラエルと称しました。

ヤコブには、十二人の息子がいて、その十一番目の息子がヨセフであります。ヤコブが老年になってから生まれた子で、愛する美しいラケルの最初の子でもあったので、ヤコブは特別にヨセフを可愛がったとあります（創世記第二九章～三〇章及び三七章ご参照）。

このことが、兄達の憎しみを買い、兄達によって隊商に奴隷として売られ、エジプトに連れて行かれてしまったのであります（創世記第三七章ご参照）。

その後、ヨセフはエジプトに於て紆余曲折はありましたが、神のお導きにより、当時のパロ（※ファラオとも言う。古代エジプトの王の総称）に認められて宰相の地位に迄登りつめ、アセナテと結婚して二児を儲け、幸せな日々を過していました（創世記第四一章ご参照）。

その頃、ヨセフが予言した通り全國的に飢饉が起り、エジプトではヨセフの指示により非常に多くの穀物を蓄えていましたが、他の國々では食糧難に陥りました。ヨセフの父ヤコブや兄弟達が住んでいるカナンの地も例外ではなく、非常な食糧不足で苦しみました。

エジプトには穀物が貯蔵されていると聞き及んで、ヤコブは子供達にエジプトに行って穀物を買い求めてくるように命じたのです。そこで、ヤコブの子供達即ちヨセフの兄弟達は、食糧を求めて二度に亙ってヨセフのもとやって来ました。その折、ヨセフは自分を隊商に売り渡した兄達と和解したのです。

ヨセフは父ヤコブを始めとして十一人の兄弟やその妻と子供達合せて六十六人をエジプトに呼び寄せて、彼の回りに住わせたので、ヤコブを頂点とする家の者達は、合せて七〇人となりました（創世記第四二～四七章ご参照）

以上がエジプトにイスラエルの人達が住み着いた経緯の概略であります。

この後のことは、旧約聖書「出エジプト記」に記載されていることに基づいて書かせて戴きます。

「出エジプト記」は、全体で四〇章に及ぶ大冊であり、著者は伝説ではモーセだとされていますが、定かではありません。

それは、モーセ五書の中にある二番目の書物でありますが、ヘブライ語正典の第一節「律法」（トーラー）にも記載されているからであります。

イスラエルの人達がエジプトに定住して以来代を経るに従って、イスラエルの子孫は沢山の子供を生んだのでその人口も増え、エジプトの地でのその勢力は大変強くなり、國の政治にも影響を及ぼすようになって来ました。

その頃、曾て大いにエジプトに貢献してきたヨセフのことを知らない新しいパロが、イスラエルの人達が増え、その勢力がますます強くなって行く状況を見るに及んで不安に思い、エジプト人に命じて、彼等を監督させ、重い労役を課して彼等を大いに苦しめたのであります。

しかし、それにもめげず、イスラエル人は増え広がるのでパロは恐れをなし、助産婦達に命じてイスラエル人の婦人達に男の子が生まれたならばこれを皆殺し、女の子ならば生かしておきなさいと命じました。しかし、助産婦達は神を恐れて、パロが命じたようなことはせずに男の子を生かしておいたとあります。その結果、ますますイスラエル人は増え、その勢力は強くなって行きました。

そのため遂に、パロは國内の凡ての民に命じました。それは「ヘブライ人（※ユーフラテス河の対岸からやって来た人達を指し、ヤコブを始祖とするあらゆる彼等の子孫を指しているようです）に男の子が生まれたならば、残らず皆ナイル河に投げ込みなさい。しかし、女の子であれば皆生かしておきなさい」と言うことでした（出エジプト記第一章ご参照）。

このように、エジプトに移住して来たイスラエルの子孫達は、新しいパロによって理不尽な苦難にあうことになったのです。これをご覧になった慈悲深い父なる神は、エジプトからイスラエルの民を救出するために、指導者モーセを召し出したのであります。

こゝでモーセについて、若干のお話しをしなくてはなりません。

ヤコブの三男レビの子孫の娘が、同じレビ部族の男性と結婚して男の子を出産しました。その男の子は麗（うるわ）しかったので、三ヶ月の間家の中に隠していたが、どうしても隠し切れなくなり、パロの迫害を恐れたその子の母親はその子を籠に入れ、ナイル河の岸の葦の中に置きました。その時偶然にも、自分の体を洗おうと川に降りて来たパロの娘に拾われ、彼女の養子となったのです。水の中から引き上げたのでモーセ（※通俗語で「引き上げる」言う意味）と名付けられました。

成長したモーセがある日のこと、同胞のヘブライ人の所へ出かけると、激しい重労働をさせられており、エジプト人が同胞の一人を鞭打っているのを見ました。そこで人のいないのを見計らって、モーセはそのエジプト人を打ち殺して砂の中に埋めました。

パロはこの事を聞いて怒り、モーセを殺そうと考えました。モーセはパロの前を逃れて、ミデヤンの地に行き、その地の祭司の七人娘の一人チッポラと結婚し、一児を儲けました。

それから、幾年かの後、ヘブライ人を苦しめ続けて来たエジプトのパロは死亡しました。

イスラエルの人々は、生前そのパロが課した労役の努めを果すために、苦しみ呻き叫びました。

その苦役故の心の底からの叫びは、父なる神に届き、アブラハム、イサク、ヤコブとの約束を思い出して、エジプトに居るイスラエルの人々を救い出そうと決められたのであります（出エジプト記第二章ご参照）。

その頃、モーセは妻の父であるミデヤン地方の祭司であったエテロの牧場で、羊の群を飼っていました。その羊の群を荒野の奥に導いて神の山ホレブ（※シナイ山のこと）に来た時、父なる神の声を聞きました。その内容は、一、エジプトにいるイスラエルの人々の苦役の努めの故の叫びを聞いた。二、事実、エジプトに於てイスラエル人がエジプト人によって虐げられているのを見た。三、従って、あなたをパロのもとへ遣わし、イスラエルの人々をエジプトから導き出させるようにしよう。と言うものでありました。更に、神は「わたしは必ずあなたと共にいる」とも言われました。

このように苦難に喘ぐイスラエル人達をエジプトから脱出させるための指導者となるようにと、召命を受けたモーセではありましたが、自信があったわけではありません。

そこで、モーセは不安にかられて神に申し上げました。「我は口重く舌重き者なり」と、口べたな者であるから、エジプトに居るイスラエルの長老達を説得できるとは思いません。

それ故、「願くは遣すべき者をつかはしたまへ」と他の適当な人材を選んで派遣して下さいと願ったのであります。

しかし、神は怒りを露にしてモーセに言われました。「レビ人アロンは汝の兄弟なるにあらずや我かれが言を善するを知る」と、モーセより三歳上の兄アロンが居るではないか、彼は言葉上手なので協力者とするようにと命じたのです。

そこで、モーセはアロンと共にエジプトに行きイスラエル人の長老達を集め、アロンがモーセの代弁者として、神がモーセに語った凡ての事柄を話しました。

又、モーセも長老達の前で、神から命じられた通りの奇跡を行ったので、彼らはようやくその神を信じ、イスラエルの人々の苦難を見て哀れに思い、エジプトから救い出そうとしている神を伏し拝んだのであります（出エジプト記第三章～第四章ご参照）。

次に、父なる神はモーセ及びアロンに対し、エジプトに赴きパロに面会して、イスラエルの民をエジプトから解放させるよう説得しなさいと命じたのです。その際、神はモーセをパロに対しては神の如き立場にしようと言われました。

又、あなたの兄アロンをあなたの予言者にしようと大きな力を与えたのであります。

それでもパロは心を頑（かたく）なにしてモーセの説得に応じないと思うので、私が与力する様々な奇跡をパロの前で行ないなさいと神はモーセに命じたのです。そして最後には、神ご自身御自ら手を下してパロを長とするエジプトを裁いて、イスラエルの民をエジプトの地から導き出しましょうと迄言われたのです。

そこで、モーセとアロンは何度もパロに面談し、イスラエルの人々をエジプトから解放するよう説得を試みたのですが、神が言われた通りパロの同意は得られませんでした。それ故、神の命令通りその力を借りて種々な奇跡をパロの前で起しました。

それは、モーセの杖を蛇に変えたり、その杖でナイル河の水を血のようにしてその水を飲めなくしたり、蛙や虻を大量発生させたり、エジプト人の家畜にだけ疫病を流行させて全滅させたり、エジプト人にだけ膿の出る腫れ物を生じさせて苦しめたりしました。更にイスラエル人が住んでいるゴゼンの地を除いてエジプト全土に大きな雹を降らせると共に雷光と雷鳴によって攻撃したり、大量の蝗（いなご）を発生させて全地を覆わせ地の全ての青物や木の実を食べさせて困らせたり、イスラエル人が住んでいる地を除いてエジプト全土を三日間全く何も見えない程真暗闇にしました。

それでもパロはモーセの要求を全面的には受け入れた訳ではなかったので、神は最後の鉄槌を下すことにしました。

そこで、父なる神はモーセとアロンに「此月（このつき）を汝ら（なんぢ）の月（つき）の首（はじめ）となせ汝ら（なんぢ）是（これ）を年（とし）の正月（しやうぐわつ）とすべし」と言われ、更にイスラエルの全会衆に次のような作業をさせるように命じたのであります。

それは、正月の十日から十四日の間に家毎に一歳になる雄の小羊を用意し、十四日の夕方にその小羊を屠り、その血を家の入口にある二本の柱とその上の鴨居に塗ること、更にその肉を焼いて種なしパン（酵母を入れないで焼いたパン）と共に若菜を添えて家族全員で残らず食べることでありました。

その故は、十四日の夜神ご自身がエジプトにある凡ての家々を回り、家の入口に羊の血が塗られている家は過ぎ越し、その他の家々の長子と家畜の初子を全て打ち殺す爲でありました。イスラエルの人々は、モーセとアロンが神により命じられた通り、自分達の家の入口に羊の血を塗ったので災難を免れました。しかしエジプト人の家々は十四日の夜の間に、パロを始めとして全ての家の長子と家畜が打たれたので、死人のない家は皆無でした。

これによって、さすがにパロも降参し、モーセの言う通り凡てのイスラエル人にその家族と家畜を連れて、早急にエジプトから去るように言ったのです。その際、イスラエルの民は金銀財宝を携えて出発しました。脱出した人数は、女と子供を除いて徒歩の男子だけでも約六十万人であったと言うことです。

この出発の日は、イスラエルの人々が、エジプトに住み始めてから丁度四百三十年の終りの日だったのです。

これを記念してイスラエルの人々は、神が彼等を脱出させるため、パロに鉄槌を下したその日を祝って、ユダヤ教暦の正月十四日（太陽暦では三～四月の春分の時期の満月の日）の夕刻は過越祭（すぎこし）として神を称（たた）え、それから一週間の二十一日迄は、種（酵母菌）を入れたパンは決して食べてはならないと定めたのであります（出エジプト記第七章〜十三章ご参照）。

その後エジプトを脱出したイスラエル人の大群は、モーセに導かれて種々の困難を乗り越え、追いかけて来たエジプトの強力な軍勢を尻目に神のご加護により、紅海徒渉という奇蹟を経てシナイの荒野に到着致しました。その日は丁度、エジプトを出発して三ヶ月目の日であったのです。

その荒野でモーセは父なる神に呼び出され、次のように告げられた。

「汝らはエジプト人に我がなしたるところの事を見我が鷲の翼をのべて汝らを負て我にいたらしめしを見たり　然ば汝等もし善く我が言を聴きわが契約を守らば汝等は諸の民に愈りてわが寶となるべし全地はわが所有なればなり　汝等は我に對して祭司の國となり聖き民となるべし是等の言語を汝イスラエルの子孫に告べし」（出エジプト記第一九章四〜六節）。

このように、神によって救い出されたイスラエルの人々が、後程示される神との契約を忠実に守り通すならば、聖なる民とし、神に対する祭司の国にしようということでした。

そこでモーセは荒野に帰って民の長老達を呼び集め、主なる神がモーセに話されたことを伝えました。これを聞いたイスラエルの民は「ヱホバの言たまひし所は皆われら之を爲べし」（出エジプト記第一九章八節中段）と答えました。即ち、主なる神が言われたことは皆忠実に順守しますと答えたのであります。

このことをモーセは、主なる神に報告致しました。すると主はモーセに命じました。導き出されたイスラエル民を、今日、明日の間に体を清めさせ、衣服をきれいに洗濯させて三日目に備えなさいということでした。それは主が、三日目に凡てのイスラエルの民の前へ、即ちシナイ山の頂上に下って来られるからであります。

三日目の朝になると、雷光が起り雷鳴が響く中で、ラッパの音がひときわ大きく鳴り渡ったので荒野に宿営しているイスラエルの民は震え上りました。モーセは彼等を神に会わせるために、シナイ山の麓に導き出しました。そこで、ラッパの音が益々高くなり、雷が大きく鳴り響く中で、神はシナイ山の頂上に下りて来られたのであります。

その際モーセは主に命じられた通り、山のまわりを清めて柵を設け、群衆が大挙して山頂には登れないようにしました。そこで神は、モーセとアロンを山頂に召し、選民とされたイスラエルの人々が守らなくてはならない「十戒」を授けたのです。その証し(あかし)として主はモーセに「十戒」を板の両面に彫り込んだ石板二枚を与えました(出エジプト記第三二章一五～一六節ご参照)。

その後モーセはシナイ山を降りて、山の麓にいる群衆に、神が語られた凡てのお言葉を話しました。それはエジプトからイスラエルの人達をシナイ山まで導いた主が、その群衆の一人一人に語りかけている内容でした。

その「十戒」の内容とは次のようなものであります。

一、「汝我面の前に我の外何物をも神とすべからず」（出エジプト記第二〇章三節）…神の独一性。同じような文言が申命記第五章七節にもあります。これは文章通り、天地創造の神以外のものを神としたり、神として拝んだりしてはならないということで、この世の欲、即ち金銭欲、物欲、肉欲等に束縛されず、父なる神の自由の支配下に生きなさいということです。

二、「汝自己のために何の偶像をも彫むべからず又上は天にある者下は地にある者ならびに地の下の水の中にある者の何の形状をも作るべからず　之を拝むべからずこれに事ふべからず」（出エジプト記第二〇章四～五節前半、申命記第五章八～九節前半）…偶像礼拝の禁止。

当時エジプトでは、多神教の神々が尊崇を受け太陽神「ラー」を始めとしてナイル河の神ハピのような自然神や、アヌビス（山犬の神）、バステト（猫神）、セベク（鰐神）のような動物神もいて、神殿や墳墓も次々と建築され、トーテム的なこれら神々の像を礼拝することが常態となり、人々はこれらのものの奴隷的存在であるような状況下でありました。

このような状況をご覧になった天地創造の神が、偶像礼拝を禁止することこそが人間を自由にし、幸福にすることであると教えています。

三、「汝の神ヱホバの名を妄に口にあぐべからずヱホバは己の名を妄に口にあぐる者を罰せではおかざるべし」（出エジプト記第二〇章七節、申命記第五章一一節）…神の名の神聖。

これは、自分が如何にも聖なる神に認められているかのように、「みだりに」神様、神様と唱え、自己本位的な願望を真の神でない者に呪術的祈りで、その力を借りようとすること戒めることであります。この戒めは真の神と呪術的偶像礼拝との違いを、明確に区別すべきであることを示そうとするものであります。

四、「安息日を憶えてこれを聖潔すべし　六日の間勞きて汝の一切の業を爲べし」（出エジプト記第二〇章八節、申命記第五章一二節ご参照）…安息日の聖別。

創世記第二章一節～三節には次のように書かれてあります。

「斯天地および其衆群悉く成ぬ　第七日に神其造りたる工を竣たまへり即ち其造りたる工を竣て七日に安息たまへり　神七日を祝して之を神聖めたまへり其は神其創造爲たまへる工を盡く竣て是日に安息みたまひたれはなり」

これは神が、六日間で天地を創造し、神の像に似せて理想的な姿として人を造る等一連の凡ての作業を終え、七日目に作業の完成を祝して休息されたことを根拠としています。被造者である人間もこれに倣い、六日間は働き七日目は聖別して父なる神を覚えて感謝し、この日を安息日とするようにとの戒めであります。

五、「汝の父母を敬へ是は汝の神ヱホバの汝にたまふ所の地に汝の生命の長からんためなり」（出エジプト記第二〇章一二節、申命記第五章一六節ご参照）…父母の尊重。

一戒から四戒までは、主として神に関することについての戒めであり、この五戒から十戒までは人間についての戒めであります。

この第五戒は、神が与え給うたこの地球上で人類が殖え栄えるようにと、父母を尊重することの必要性と、家族の重要性を示したものであります。

六、「汝殺すなかれ」（出エジプト記第二〇章一三節、申命記第五章一七節）…殺人の禁止。これは文字通りで、人の生命の大切さを現わすものであり、尊重すべきものであることを指します。

七、「汝姦淫するなかれ」（出エジプト記第二〇章一四節、申命記第五章一八節）…姦淫の禁止。これも文章通りの意味で、婚姻関係の維持の大切さや、無節操な淫の強要を戒めたものです。

八、「汝盗むなかれ」（出エジプト記第二〇章一五節、申命記第五章一九節）…盗みの禁止。

これも文字通りの意味で、他人が大変苦労して手に入れた財産、それらの所有権を奪うようなことを戒めています。

九、「汝その隣人に對して虚忘の證據をたつるなかれ」（出エジプト記第二〇章一六節、申命記第五章二〇節）…偽証の禁止。

社会生活をするに当って、隣人や友人との関係を良好に保つことは基本であり、虚偽の噂を流したり偽証したりして真実を否め、隣人や友人との関係を害する行為も戒めたものです。

十、「汝その隣人の家を貪るなかれ又汝の隣の妻およびその僕、婢、牛、驢馬ならびに凡て汝の隣人の所有を貪るなかれ」（出エジプト記第二〇章一七節、申命記第五章二一節ご参照）…むさぼりの禁止。

人間の欲望は限りないもので、それが嵩じると、窃盗、横領、詐欺、恐喝、強盗、強姦等の事件に発展する可能性があります。これを防止する基本の第一歩が貪らないことです。先ずは身近な隣人や友人のものを欲してはならないと戒めています。

以上が「十戒」の概要であります。

この「十戒」は、既に述べましたように、父なる神がエジプトのパロの圧政下で苦難を強いられていたイスラエルの民を脱出させた際、神がシナイ山でモーセを通じて選民とされたイスラエル民族に課せられた応答であり、それに基く特別な契約であります。これは神の民として形成されて行く為の具体的指針なのであります。

しかし、人間とは弱いもので、選民とされたイスラエル人達でさえ、この「十戒」を次々と破って行ったのであります。

福音書でのキリスト

福音とは「良い便り」を意味し、ギリシャ語のエファンゲリオンの訳語だそうで、元来は戦争の勝利や皇帝継承者誕生等の祝い事を知らせる場合に用いられた言葉であります。

新約聖書における福音は、イエス・キリストが宣べ伝えた神の恵みによる人間の救いの道や神の国の到来という「よろこばしい音便（たより）」を意味します。

新約聖書の初めには、四つの福音書が置かれています。それは、マタイ伝、マルコ伝、ルカ伝、ヨハネ伝であります。

いずれも父なる神のお恵みにより、その独子（ひとりご）イエスが、人類救済の目的でこの世にご来臨になった以後のことが書かれています。

その内容は主に、主イエスのお言葉とその業が記されている福音（よろこばしい音便）であります。

四つの福音書の一番初めに置かれているのがマタイ伝であります。伝承によると、著者はイエス十二弟子の一人であり、元徴税人であったマタイだとされていましたが、その内容や文体、使用している資料等からして、今日では彼ではないとされています。

それは、資料としてマルコ伝の大部分即ち十二分の十一を採用しているし、ルカ伝にあるイエスの語録も使用していて、主イエスと共に過した自らの生活体験に基く主の言動を記したものではないからであります。勿論、独自の資料に基づくマタイ伝だけの部分もありますが、全体としてはイエスが父なる神によってこの世に送り込まれた救い主であることを立証する目的で、旧約聖書やユダヤ教に精通したキリスト信者が、書いたものであろうと推定されています。

従ってマタイ伝は、イエスの伝記と言うよりは、イエスが救い主だとする信仰的歴史書であります。

福音書の第二番目に置かれているのが、マルコ伝であります。歴史的に見れば、他の三福音書の最初に書かれた文章でありまして、それはマタイ伝やルカ伝がこのマルコ伝に記されている事柄を骨子として書かれていることや、ヨハネ伝が他の三福音書の内容に満足せず、これらを補正することにより、真のイエス信仰を打ち立てるべく書かれていることからも推測されます。

又、マルコ伝では、マタイ伝やルカ伝と異なりイエス誕生に関する記事はなく、三〇歳頃からの公生涯における活動内容記事が主体で、イエスの教えの部分が少ないのが特徴です。

執筆者は、バルナバのいとこで共にパウロの良き協力者であったヨハネ・マルコとされていましたが、今日では多くの研究の結果、彼ではなく、当時のありふれた男名マルコと言う一信者が書いたものではないかという位で、定かではありません。

書かれた年代は、テイトウス将軍の率いるローマ軍によって、エルサレムが陥落（A．D．七〇年八月）した前後とされています。

著述の為の資料は、既に文書化されていた受難物語以外の殆んどが、口頭伝承を書き記したものとなっています。

福音書の第三番に置かれているのが、ルカ伝であります。著者とされているルカは、パウロの良き協力者でありまして、彼の伝導旅行に随行しました。ルカはラテン語のルカヌス又はルキウスの略称だそうで、ギリシャ語では「光を与える」という意味のようです。彼の本来の職業は医者で「医者ルカ」と呼ばれ、多くの人々から敬愛されていました。それ故、ルカ伝には、医学的術語や医学的処置が書かれています。

ルカ伝は、文学的に勝れている作品であって、新約聖書の中でもその文章の美しさは特筆されるものだと言われています。

基本的にはマルコ伝を手本として構成しておりますが、イエスがお話しになった言葉資料や、ルカ伝独自の特殊な資料も多く採用されておりまして、独自色豊かな福音書となっています。

福音書の最後に置かれているのが、ヨハネ伝であります。

ヨハネ伝の著者は、イエス十二弟子の一人でセベダイの子ヨハネによって執筆されたと言われてきましたが、現代では種々の資料を考察した結果、否定的見解が主流であります。むしろ、エフェソ教会の中心人物として尊敬されていた長老ヨハネではないかとする説が有力であります。

彼は既に文書化されていた他の福音書の内容に満足せず、彼独自の「聖霊」等の用語を使用して、真の信仰を打ち立てるべく、高度な神学的聖霊論を展開しているからであります。おそらくエフェソにおいて紀元九〇年から一二五年の間に書かれたものであろうと、言われています。

旧約聖書でのイエスについての予言

旧約聖書の中でイエス出現に関するものと思われる箇所は、イザヤ書、エレミヤ記、マラキ書の中で見受けられます。

イザヤ書は旧約聖書の中で最初に置かれている予言書で、その中のいわゆる第一イザヤ書と呼ばれている部分の著者がイザヤであります。

イザヤは南王国ユダの最初の記述予言者で、紀元前七三三年ウジヤ王が死去したその年に神の召命を受け、予言者となったと言われています。

イザヤと言う名は「ヤーウェ（※旧約聖書の中にある神の固有名詞でヱホバと同義語）は救う」との意味があるそうでして、エルサレム貴族階級出身と言われており、神殿で予言者としての召命を受けたので祭司であったのではないかとも言われています。

イザヤ書第七章一四節に「この故に主みづから一の豫兆をなんぢらに賜ふべし　視よをとめ孕みて子をうまん　その名をインマヌエルと稱ふべし」とあります。

インマヌエルとはヘブライ語で「神はわれらと共におられる」という意味で、父なる神の聖霊が人間に臨在して下さることを指します。異論はありますが、このインマヌエルこそがイエスであり、その誕生をイザヤが予言したものであると、マタイ伝（第一章二三節ご参照）では理解しています。又、「かれはわれらの愆のために傷つけられ、われらに不義のために砕かれ、みづから懲罰をうけてわれに平安をあたふ」（イザヤ書第五三節五節前半）とあります。

次に、エレミヤ記は前述のイザヤ書と同じく三大予言書の一つで、著者のエレミヤと言う名は「ヤーウェが高められる」と言う意味があるそうです。

エレミヤはベニヤミン領アナトトの祭司ヒルキヤの子で、ヨシヤ王の治世＝二年（B．C．六二六年）に神より予言者としての召命を受けた体験をしたのです。彼は一生涯独身を貫き、職業的宗教家とはならず、自由な立場で予言活動に専念したようです。

エレミヤ記第三三章一四〜一五節に「ヱホバ言たまはく視よ我イスラエルの家とユダの家に語りし善言を成就る日きたらん　その日その時にいたらばわれダビデの爲に一の義き枝を生ぜしめん彼は公道と公義を地に行ふべし」とあります。

これは天地創造の神がイスラヱル（※アブラハムを父とする三大族長の一人イサクの子であるヤコブのこと）の家系の者や、その家系の中で特にユダ（※ヤコブの四男で十二部族の一つユダ族の祖）の家系の者達に既にお話ししているように、良きおとずれの日が来ます。それはダビデ王（※B．C．一〇〇〇年〜九六一年存位、イスラエル統一国家を建設した王）の子孫からメシア（※キリストと同意語で「油を注がれた者」の意で、救世主を指します）が現れると言うことです。

　これに似た文章がイザヤ書第一一章一〜二節に記されています。「ヱッサイの株(かぶ)より一(ひと)つの芽(め)いで　その根(ね)より一(ひと)つの枝(えだ)はえて實(み)をむすばん　その上にヱホバの靈(れい)とゞまらんこれ智慧聰明(ちゑそうめい)の靈(れい)謀略才能(ぼうりやくさいのう)の靈(れい)知識(ちしき)の靈(れい)　ヱホバをおそるゝの靈(れい)なり」とあります。

　エッサイ（※ダビデ王の父、ユダ族の長の子孫でベツレヘムに住んでいた）の何代か後の子孫に救世主が出現すると言う予言であります。これを受けてロマ書十五章一二節では「又(また)イザヤ言(い)ふ『エッサイの萌蘖生(ひこばえしやう)じ、異邦人(いはうじん)を治(をさ)むる者(もの)、興(おこ)らん。異邦人(いはうじん)は彼(かれ)に望(のぞみ)をおかん』とあります。エッサイの蘖(ひこばえ)（※切り株から出てくる芽の意味）、即ちその子孫から、異邦人を治めるために立ち上がる者（メシア）が出現すると言っているイザヤの言葉を引用しています。

　旧約聖書の最後に置かれている予言書がマラキ書で、四章だけからなる小予言書の一つであります。本書の著者であるマラキなる予言者については、詳細不明でありますが、マルアーキーとは「我は使者を送る」という意味だそうで、固有名詞ではなく匿名の予言者による託宣を記したものではなかろうかと言われています。

マラキ書第四章五節に次のように書かれています。「視よヱホバの大なる畏るべき日の來るまへにわれ預言者エリヤを汝につかわさん　かれ父の心に子女を慈はせ子女の心にその父をおもはしめん　是は我が來りて詛をもて地を撃ことなからんためなり」。

これを受けてマルコ伝では「斯てイエスに問いて言ふ『學者たちは、何故エリアまづ來るべしと言ふか』」（第九章一一節）とありルカ伝では「且エリヤの靈と能力とをもて主の前に往かん。これ父の心を子に、戻れる者を義人の聰明に歸らせて、整へたる民を主のために備へんとてなり」（ルカ伝第一章一七節）とありますように、父なる神の宇宙的裁きが行われる前に、エリヤ（※B.C.八五九～八四五年イスラエル初期の予言者、こゝでは再来のエリヤのこと）の再来と言われるバプテスマのヨハネ（※キリストの先駆者で、イエスもこのヨハネから洗礼を受けている）を派遣し、イエスの公的活動がスムーズに行なわれるよう環境整備することを予言したものと言われています。

以上が旧約聖書の中にあるイエス出現に関する記事の概要であります。

本　論

新約時代のイエス・キリストについて論を進めるに当って、その中心資料としてマルコ伝を活用します。

それは、四福音書の中で一番初めに書かれたもので、マタイ伝、ルカ伝が事実資料としてマルコ伝中の記事を多く採用しているからであります。

内容的にも受難物語以外の文章は口頭伝承によるものが殆んどであり、奇跡物語もあって救い主イエスへの驚嘆が伺われ、全体として比較的素朴なものとなっています。

又、ルカ伝のような世界的視野もなく、ヨハネ伝のような高度な神学論的思想に基くものでもないから、イエス・キリストの事実資料として活用するには最適だと考えるからであります。

イエスの誕生

イエス誕生については、マルコ伝ではその記載がないので、マタイ伝、ルカ伝に書かれている事項を引用しながら説明させて戴きます。

マタイ伝では、第一章の冒頭にアブラハム（※イスラエル民族の先祖で、信仰の父として仰がれた人である。アブラハムとは「父は高くあげられる」と言う意味だそうで、神の選民としての約束を担うものとして「国民の父」とされている）から始まる系図が詳細に書かれており、それに続いて、「されば總て世をふる事、アブラハムよりダビデまで十四代、ダビデよりバビロンに移さるるまで十四代、バビロンに移されてよりキリストまで十四代なり。」（マタイ伝第一章一七節）と書かれています。

ダビデとは勿論ダビデ大王のことであり、「バビロンに移さるる」とは、バビロン捕囚事件（バビロンは古代メソポタミアの大国バビロニア帝国の首都のことで、紀元前五九七年バビロニアの軍勢によってエルサレムは陥落しユダ人の一部がバビロンに連行され《第一次捕囚》、その後十年目には第二次捕囚が、B．C．五八三年には第三次捕囚が行われました）のことを指します。

従って肉的系図によれば、イエスは信仰の父と言われるアブラハムの子孫であると、マタイ伝の中で述べられています。

続いてマタイ伝では、「イエス・キリストの誕生は左のごとし。その母マリヤ、ヨセフと許嫁したるのみにて、未だ偕にならざりしに、聖靈によりて孕り、その孕りたること顯れたり。夫ヨセフは正しき人にして之を公然にするを好まず、私に離縁せんと思ふ。斯て、これらの事を思ひ回らしをるとき、視よ、主の使、夢に現れて言ふ『ダビデの子ヨセフよ、妻マリヤを納るる事を恐るな。その胎に宿る者は聖靈によるなり、かれ子を生まん、汝その名をイエスと名づくべし。己が民をその罪より救ひ給ふ故なり』、すべて此の事の起りしは、預言者によりて主の云ひ給ひし言の成就せん爲なり」（第一章一八～二三節）。とあります。

このようにマタイ伝によれば、ヨセフの婚約者であったマリヤに父なる神の聖靈が宿り、処女懐妊の状態となったと記されています。それは処女降誕を実現させることにより、アダムの犯した原罪を断ち切り、予言者達が前触れしたように、人類救済という父なる神の大いなるご計画の一環だと言っているのであります。

「イエス」と言う名は、ユダヤ人には良く見受けられる名前で、ヘブライ語の「イェーシュア」のギリシャ語読み「イエースース」のことで、「ヤーウェは救い」と言う意味があるそうです。

イエス出生についてマタイ伝の中では、「イエスはヘロデ王の時、ユダヤのベツレヘムに生れ給ひしが、視よ、東の博士たちエルサレムに來りて言ふ」（第二章一節）と記されているだけです。

ヘロデ王とは、当時パレスチナを支配したヘロデ大王（在位B．C．三七～B．C．四年）のことで、イエスの誕生は紀元前四年頃ではないかと言われています。

ルカ伝では、イエス誕生の告知について、次のように書かれています。

「その六月めに、御使ガブリエル、ナザレといふガリラヤの町にをる處女のもとに、神より遣さる。この處女はダビデの家のヨセフといふ人と許嫁せし者にて、其の名をマリヤと云ふ。御使、處女の許にきたりて言ふ『めでたし、恵まるる者よ、主なんぢと偕に在せり』（第一章二六～二八節）。

このように、ルカ伝でもマタイ伝と同じように、マリヤが聖霊による処女懐胎の状態となったことが記されています。

たゞ、マタイ伝ではヨセフの夢の中に天使が現われ、マリヤが処女懐妊したことを告げていますが、ルカ伝では更にガブリユルと言う名の天使長が、直接マリヤに会ってそのことを告げた様子を書き加えています。

又、イエス誕生の状況についても、マタイ伝と異なりルカ伝ではやゝ詳細に書かれています。「ヨセフもダビデの家系また血統なれば、既に孕める許嫁の妻マリヤとともに、戸籍に著かんとて、ガリラヤの町ナザレを出でてユダヤに上り、ダビデの町ベツレヘムといふ處に到りぬ。此處に居るほどに、マリヤ月満ちて、初子をうみ之を布に包みて馬槽に臥させたり。旅舍にをる處なかりし故なり」（第二章四～七節）とあります。

即ち、ヨセフはダビデ王の子孫の一人でありまして、住民登録するためにはベツレヘムに行かなくてはならなかった。そこで婚約者も一緒に登録する必要があったので、身重の妻となるべきマリヤを伴いナザレを出発してベツレヘムに来たとあります。

ベツレヘムの宿屋には空部屋がないということで、仕方なく馬小屋に宿泊し、そこでマリヤは月満ちて出産し、その御子を飼い葉桶の中に横たえたと記されているのです。

以上がマタイ伝、ルカ伝に書かれているイエス誕生に関する記事の概要であります。

その後のことについては、イエスが三十歳頃になって、公的宗教活動を始められる迄（ルカ伝第三章二三節ご参照）、イエスに関する詳細な記事はありません。次のような内容のことが書かれている程度です。

イエス誕生の直後ヘロデ大王の迫害を恐れたヨセフは、マリヤと御子イエスを連れて一旦エジプトに立ち退きましたが、その後すぐにヘロデ大王が他界したので、家族を連れてイスラエルの地に入りナザレに定住したとあります（マタイ伝第二章二二〜二三節ご参照）。

ナザレでのヨセフは大工仕事に専念して家族を支え、イエスにもヤコブ、ヨセフ、シモン、ユダと兄弟が増え、姉妹達もできたと記載されています（マタイ伝第一三章五五〜五六節ご参照）。

イエスが十二歳になった時、毎年の恒例となっていた過越祭（ユダヤ三大祭りの一つで出エジプトを祝う行事）の宮詣でを、イエスはヨセフとマリヤの両親に連れられて参列しました。その際、イエスはエルサレムの神殿で居並ぶ学者達の真中に坐って、学者達の話を聞いたり、質問したり、議論したりして、特異な才能を示されたことが記されています（ルカ伝第二章四三〜五二節ご参照）。

その後の青年時代についての記事は無く、父を早く失ったので、家業の大工仕事につき生計を支えていたと言われています。

以上のように、イエスが生誕後三十歳頃になって公的生涯を始める迄の記事は少く、定かではありません。

それでは、主に口頭伝承を書き記しと言われる素朴なマルコ伝の遂条解釈をし乍ら、三十歳頃からの主イエスの公生涯を追って行きたいと存じます。

バプテスマのヨハネによる霊魂救済への地均しと イエス宣教の始まり

「神の子イエス・キリストの福音の始」

預言者イザヤの書に、『視よ、我なんぢの顔の前に、わが使を遣す、彼なんぢの道を設くべし。荒野に呼はる者の聲す「主の道を備へ、その路すぢを直くせよ」』と録されたる如く、バプテスマのヨハネ出で、荒野にて罪の赦を得さする悔改めのバプテスマを宣傳ふ。ユダヤ全國またエルサレムの人々、みな其の許に出で來りて罪を言ひあらはし、ヨルダン川にてバプテスマを受けたり。ヨハネは駱駝の毛織を著、腰に皮の帶して、蝗と野蜜とを食へり。かれ宣傳へて言ふ『我よりも力ある者、わが後に來る。我は屈みて、その鞋の紐をとくにも足らず、我は水にて汝らにバプテスマを施せり。されど彼は聖靈にてバプテスマを施さん』

その頃イエス、ガリラヤのナザレより來たり、ヨルダンにてヨハネよりバプテスマを受け給ふ。斯て水より上るをりしも、天さけゆき、御靈、鳩のごとく己に降るを見給ふ。かつ天より聲出づ『なんぢは我が愛しむ子なり、我なんぢを悦ぶ』

斯て御靈ただちにイエスを荒野に逐ひやる。荒野にて四十日の間サタンに試みられ、獣とともに居給ふ、御使たち之に事へぬ

ヨハネの囚れし後、イエス、ガリラヤに到り、神の福音を宣傳へて言ひ給ふ、『時は満てり、神の國は近づけり、汝ら悔改めて福音を信ぜよ』」（第一章一～一五節）。

さあいよいよ神の子イエス・キリストの福音の始まりであります。

イザヤの予言書によると

「見よ、私（※父なる神）は使いをあなた（※神の独子イエス）より先に派遣します。それは彼によってあなたによる人類救済の道が、スムースに開かれるようにする爲です。

それ、荒野で叫んでいる者の声がします

『救い主の行く道を整えなさい。主が通られる道を真っ直ぐにしなさい』（イザヤ書第四〇章三節ご参照）」とあります。

その通りに、バプテスマのヨハネという者が荒野に現われ、罪の赦しを得させる爲に、悔い改めのバプテスマを宣べ伝えておりました。これを聞き及んだユダヤ全土の人々やエルサレムに住んでいる人達が、彼のところへ次々と出かけて行き、自分の罪を告白し、ヨルダン川で彼

からバプテスマ（※ギリシャ語で「浸す」と意味の動詞だそうで、身体を水に浸して清めをする宗教的儀式）を受けました。

ヨハネは、らくだの毛で織った衣を身にまとい、腰には皮の帯をしめており、いなごと野蜜を常食としていました。

彼は群衆に宣べ伝えて言いました。「私よりうんと力のある御方が、後からこられます。私がかがんで、その御方の靴紐を解く値打ちもありません。私はあなた方に水でバプテスマを授けましたが、その御方はあなた達に聖霊によるバプテスマをお授けになるでしょう」。

その頃、イエスはガリラヤのナザレより出て来られ、ヨルダン川にて、ヨハネよりバプテスマをお受けになりました。イエスが水の中から出て来られたその時、天が裂けて聖霊が鳩のように、イエスご自身の上に舞い下りて来るのをご覧になりました。すると天から声が聞こえてきました。「あなたは私が愛する子である。私はあなたを祝福します」。

それからすぐ、聖霊がイエスを導き荒野に追いやりました。そこでイエスは四十日の間、サタンによる様々な試練に会われたのです。色々な獣と一緒におられましたが、御使い達が常にイエスに付き従い、お守りしました。

ヘロデ・アンティパス王（B．C．四～D．C．三七年在位）によってヨハネが捕えられた後に、イエスはガラリヤに行き、父なる神の福音を宣べ伝え始めました。曰く「時は満ちた。神の国は近くなった。あなた達は悔い改めて福音を信じなさい」と。

イエスの最初の弟子達とカペナウムの会堂での出来事

「イエス、ガラリヤの海にそひて歩みゆき、シモンと其の兄弟アンデレとが、海に網打ちをるを見給ふ。かれらは漁人なり。イエス言ひ給ふ『われに従ひきたれ、汝等をして、人を漁る者とならしめん』、彼ら直ちに網をすてて従へり。少し進みゆきて、ゼベダイの子ヤコブとその兄弟ヨハネとを見給ふ。彼らも舟にありて網を繕ひゐたり。直ちに呼び給へば、父ゼベダイを雇人とともに舟に遺して従ひゆけり。

斯て彼らカペナウムに到る、イエス直ちに安息日に會堂にいりて教へ給ふ。人々その教に驚きあへり。それは學者の如くならず、權威ある者のごとく教へ給ふゆゑなり。時にその會堂に、穢れし靈に憑かれたる人あり、叫びて言ふ、『ナザレのイエスよ、我らは汝と何の關係あらんや、汝は我らを亡さんとて來給ふ。われは汝の唯なるを知る、神の聖者なり』、イエス禁めて言ひ給ふ「黙せ、その人を出でよ」、穢れし靈、その人を痙攣けさせ、大聲をあげて出づ。人々みな驚き相問ひて言ふ『これ何事ぞ、権威ある新しき教なるかな、穢れしし靈すら命ずれば従ふ』、爰にイエスの噂あまねくガリラヤの四方に弘りたり」（第一章二六～二八節）。

イエスがガリラヤ湖のほとりを歩いておられる時、シモン（※後にイエス十二使徒の代表格となったペテロのこと）とその弟アンデレ（十二使徒の一人となった）が、湖で網を打って魚を獲っているのをご覧になりました。彼等は漁師であったのです。イエスは二人に言われました。「私についてきなさい。あなた達を人間を導き捕る漁師にしてあげましょう」。

それを聞いた二人は、すぐに網を捨て置いてイエスに付き従いました。

それからイエスが少し歩いて行かれると、セベダイの子ヤコブ（※後に十二使徒の一人となり大ヤコブと言われた。父セベダイは雇い人を持って漁業を営んでいる裕福な家の主人）とその弟ヨハネ（十二使徒の一人となった。兄大ヤコブと共に「ボアネルゲス」即ち「雷の子等」と呼ばれる程気性の激しい人達でありました。ペトロやヤコブと共に、主イエスより特に愛され、三側近の一人となった）をご覧になりました。彼等は漁船の中で漁網を繕っていたのでした。イエスが、二人を呼び寄せられると、一緒にいた父ゼベダイやその雇人達を舟に残して、イエスのあとに従って行きました。

それから彼等一行は、カペナウムという町に辿り着きました。すぐに安息日（ヘブライ語の

「シャッバート」の訳語で「休みの日」という意味だそうで、週の第七日目に当り、当時は金曜日の日没から土曜日の日没までであった。その日は、休息と礼拝の日と定められていた）となったので、イエスは町の会堂に行き、人々に父なる神の教えを説きました。

会堂に集まった人達は、その教えに驚きました。それは律法学者（モーセを通じて示された十戒を中心とする神の民としての生活と行為に関する神の命令を律法と言いますが、これらを解釈して人々に宗教生活の指導に当った人）達のように教えたのではなく、遙かにそれを超越した権威者のように、教えを説いたからであります。

その時、その会堂に汚れた霊（サタンの悪霊）に取り付かれた人が居まして、大声で叫んでイエスに向って言いました。

『ナザレのイエスよ、いったいあなたは、私たちと何のかゝわりがあるのでしょうか、あなたは私たちを滅ぼしに来たのではありませんか。私はあなたが唯であるか知っています。神の聖者です』。

そこでイエスは、これを叱って『黙りなさい。サタンよ、この人から出て行け。』と言われました。その時、汚れた霊がその人をけいれんさせ、大声をあげ乍らその人から出て行きました。これを見た人々は皆驚いて、お互に論じ合って言いました。

『これはいったい何事でしょう。権威ある新しい教えに違いない。汚れた霊でさえ命じられるとそれに従うのだ。』

このようなことがあって、イエスの噂は、たちまちガリラヤ全地の至る所に、広まって行きました。

カペナウムの会堂を出てからの
その町での出来事とガリラヤ全地での宣教

「會堂をいで、直ちにヤコブとヨハネを伴ひて、シモン及びアンデレの家に入り給ふ。シモンの外姑、熱をやみて臥しゐたれば、人々ただらに之をイエスに告ぐ。イエス往きて、その手をとり、起し給へば、熱さりて女かれらに事ふ。

夕となり、日いりてのち人々すべての病ある者、悪鬼に憑かれたる者をイエスに連れ來り、全町こぞりて門に集る。イエスさまざまの病を患ふ多くの人をいやし、多くの悪鬼を逐ひしだし之に物言ふこと免し給はず、悪鬼イエスを知るに因りてなり。

朝まだき暗き程に、イエス起き出でて、寂しき處にゆき、其處にて祈りゐたまふ。シモン及び之と偕にをる者ども、その跡を慕ひゆき、イエスに遇ひて言ひ給ふ『人みな汝を尋ぬ』イエス言ひ給ふ『いざ最寄の村々に往かん、われ彼處にも教を宣ぶべし、我はこの爲に出で來りしなり』、遂にゆきて、遍くガリラヤの會堂にて教を宣べ、かつ惡鬼を逐ひ出し給へり。

一人の癩病人、みもとに來り、跪づき請ひて言ふ『御意ならば我を潔くなし給ふを得ん』、イエス憫みて、手をのべ彼につけて『わが意なり、潔くなれ』と言ひ給へば、直ちに癩病さりて、その人きよまれり。頓て彼を去らしめんとて、嚴しく戒めて言ひ給ふ、『つつしみて唯にも語るな、唯ゆきて己を祭司に見せ、モーセが命じたる物を汝の潔のために獻げて、人々に證せよ』、されど彼いでて此の事を大に述べつたえ、遍く弘め始めたれば、この後イエスあらはに町に入りがたく、外の寂しき處に留りたまふ。人々、四方より御許に來れり」（第一章二九〜四五節）。

　本節以降に文を進めるに当って、「霊」について語らなくてはなりません。

「霊」はヘブライ語で「ルーアハ」、ギリシャ語で「プニューマ」と言い、本来は「息」とか「風」とかを意味する言葉だそうです。

「ヱホバ神土の塵を以て人を造り　生氣を其鼻に噓入れたまへり人即ち生靈となりぬ」（創世記第二章七節）とあり、ヨハネ伝第三章八節於いては「風は己が好むところに吹く、汝その聲を聞けども、何處より來り何處へ往くを知らず、すべて靈により生るる者も斯のごとし」と「靈」を表現しています。

「霊」は目に見えず、重さもなく、時空を超越した存在であります。「霊」は父なる神の本質であり、それを意のまゝに操ることができるのは、神のみであります。神は霊（＝聖霊）を通して人間に働きかけて現実に力を及ぼし、様々な歴史を作って来ました。

霊にはこのように力がありますが、一番パワーがあるのは、勿論神の霊即ち聖霊であります。次に力があるのがサタンの霊即ち悪霊であります。サタンは元来ルシファーという名の天使長でありましたが、神の怒りに触れて下界に墜とされたと言われております。その悪霊は変幻自在で、創世記第三章一～六節では神の留守を見計って、蛇となってエデンの東の楽園に忍び込み、人類の祖アダムと妻エバに「禁断の木の実」を食べさせています。

このように、悪霊の力は強く人間の霊に働きかけ、安々と悪の道へと誘惑します。

人間の霊は、霊魂と言われ、死後も肉体から遊離して存在し続けますので、動、植物を生かしている「生命霊」と異なり、「自由霊」と言われています。悪霊より力が弱い爲に、悪霊のさまざまな誘惑には陥り易く、聖霊の力に頼る以外に助かる方法がありません。

以上、「霊」の概要を述べさせて戴きました。それでは、本文の解釈を進めます。

イエスは会堂を後にしてすぐ、ヤコブとヨハネとを連れて、シモンとアンデレ兄弟が住んでいる家を訪れました。そこでは、シモンの姑が熱病に侵されて床に着いていたので、人々は早速、彼女のことをイエスに知らせました。それを聞いたイエスは、彼女に近寄ってその手を取り、引き起されました。すると忽ち熱が下りましたので、彼女は喜んで、彼等をもてなしました。

夕方となって日が沈むと、人々は病人や悪霊に取り付かれた人達みんなを引き連れて、イエスのもとにやって来ましたので、シモン兄弟の家の門前は、町中の者達で溢れました。そこでイエスは、色々な病気を患っている多くの人々を直され、又、人に取り付いている沢山の悪霊を追い出されました。その際、悪霊が声を出すことを許されませんでした。悪霊は、イエスの聖霊の力を良く知っていたので物言うことをしませんでした。

早朝、まだあたりが暗いうちに、イエスは起床して人のいない寂しい所へ出かけて行き、そこで父なる神に祈りを捧げました。シモンとその仲間達はイエスが既に出発しているのを見て、そのあとを追い、やっと彼を見つけて言いました。「みんなが、あなた様を捜しています」。そこでイエスは彼等に言われました。「それでは、付近の別の村里にみんなで行って、そこで福音を述べ伝えましょう。私は福音を述べ伝える爲にこの世に来ているからです」と言われて、ガリラヤ全地を普(あまね)く巡り歩いて、諸会堂で父なる神の教えを宣べ伝えると共に、悪霊を追い出されたのであります。

その折、一人の癩病人が、イエスのみもとにやって来て、ひざまずいて願い事を申し上げました。「御心でしたら、どうぞ私を清くして下さい」。イエスはこれを見て大いに憐れまれ、手を差し延べて彼にさわって言われました。「これは我が心である。清くなれ」と。すると忽ち、彼の癩病が消えて無くなり、その人は清くなりました。

それから、イエスは彼を立ち去らせる際、厳しく戒めて言われました。「あなたの身に起ったことは、良く良く注意して、決して他人に漏してはなりません。たゞ、祭司のところだけは、行って自分の癒された体を見せなさい。又、あなたが清められた感謝の印として、モーセが命じた『十戒』を良く守り、人々への証しとしなさい」と。

しかし、人の心は弱いもので嬉しさのあまり、彼がイエスのもとを立ち去った後、自分の身に起ったことを大いに語り、まわりに言い広め始めました。

そのため、イエスはもはや表立っては町に入りづらくなり、町はずれの寂しい所に止まらざるを得なくなりました。それでも人々は、あらゆる所からぞくぞくと、イエスのもとに集まって来ました。

カペナウムへの再訪問とそこでの奇跡、及びレビを召し出す

「數日の後、またカペナウムに入り給ひしに、その家に在すことを聞きて、多くの人あつまりて來り、門口すら隙間なき程なり。イエス彼らに御言を語り給ふ。ここに四人に擔はれたる中風の者を人々つれ來る。群衆によりて御許にゆくこと能はざれば、在す所の屋根を穿ちあけて、中風の者を床のまま槌り下せり。イエス彼らの信仰を見て、中風の者に言ひたまふ『子よ、汝の罪ゆるされたり』、ある學者たち其處に在しゐたるが、心の中に、『この人なんぞ斯く言ふか、これは神を瀆すなり、神ひとりの外は唯か罪を赦すことを得べき』と論ぜしかば、イエス直ちに彼等がかく論ずるを心に悟りて言ひ給ふ『なにゆゑ斯ることを心に論ずるか、中風の者に「なんぢの罪ゆるされたり」と言ふと「起きよ、床をとりて歩め」と言ふと、孰か易き。人の子の地にて罪を赦す權威ある事を、汝らに知らせん爲に』―中風の者に言ひ給ふ―「なんぢに告ぐ、起きよ、床をとりて家に歸れ』、彼おきて直ちに床をとりあげ、人々の眼前いで往けば、皆おどろき、かつ神を崇めて言ふ『われら斯の如きことは斷えて見ざりき』

イエスまた海邊に出でゆき給ひしに、群衆みもとに集ひ來りたれば、之を教へ給へり。斯て過ぎ往くとき、アルパヨの子レビの、收税所に坐しをるを見て『われに從へ』と言ひ給へば、

立ちて従へり。而して其の家にて食事の席につき居給ふとき、多くの取税人・罪人ら、イエス及び弟子たちと共に席に列る、これらの者おほく居て、イエスに従へるなり。パリサイ人の學者ら、イエスの罪人・取税人とともに食し給ふを見て、その弟子たちに言ふ『なにゆゑ取税人・罪人とともに食するか』、イエス聞きて言ひ給ふ『健かなる者は醫者を要せず、ただ病ある者、これを要す。我は正しき者を招かんとにあらで、罪人を招かんとて來れり』（第二章一～三七節）。

幾日かの後、イエスが再びカペナウムに帰って来られ、家におられるらしいという噂が広まりました。それで多くの人々が集まって来たゝめ、戸口あたりまで隙間もない状態となりました。そこでイエスは、父なる神の御言葉を、集った大勢の人達に語っておられました。その時、人々が一人の中風の者を四人の人達に担がせて、イエスのところに連れて来ました。ところがあまりにも多い群衆のために、イエスのみもとに近付くことが出来ません。そこで人々は、イエスの居られる部屋の屋根をはがし、大きな穴を開け、中風の者を寝かせたまゝの状態で、その床を吊り降しました。イエスは彼等の深い信仰を見て、中風の者に言われました。「子よ、あなたの罪はゆるされた」と。

これを聞いたその場に居合わせた幾人かの律法学者達が、心の中で論じ合いました。「この人はどうしてあのようなことを言ったのか。

それは神を冒瀆するものだ。神おひとりのほかに、唯が罪を赦すことができようか」。

このような理屈を、彼等が心の中で論じ合っているのを、霊感で見抜いたイエスは言われました。

「なぜあなた方は、心の中でそのような理屈を論じ合っているのか、中風を患っている者に、『あなたの罪は赦された』と言うのと、『起きない。寝床をあげて歩け』と言うのと、どちらがたやすいと言うのか。人の子が地上で人の罪を赦す権威を持っていることを、あなた方にわからせる爲に敢えて、そのように言ったのだ」と。

そして、改めて中風の者に向って、「あなたに言います。起きなさい。寝床を取り上げて家に帰りなさい」と言われました。すると、彼はすくっと起き上り、直ちに寝床を取り払って、みんなの見ている前を通って去り行きました。そこで皆の者一同はすっかり驚き、「こんなことは、今だかって見たことがない」と言って神を崇めました。

イエスが、再びガリラヤ湖畔に出かけられると、大勢の群衆がみもとに集って来たので、父なる神の教えを説かれました。それから更に足を進めて行くと、収税所（※ローマ政府が交易の通行料を徴収する為に設けた役所であるが、このカペナウムの収税所は、ガリラヤ地方に入荷して来る商品にヘロデ王が課した税の収税所だと言われています）が見え、そこにアルパヨの子レビ（※後にイエス十二使徒の一人となった）が取税人として座っていました。イエスは彼を見ると直ちに、「私について来なさい」と言われました。すると彼はすぐに立ち上って、イエスに従いました。

それから、イエスはレビの家で食事の席にお着きになりました。その時、多くの取税人や罪人達も、イエスの弟子達と一緒に同席したのであります。このように大勢の人達が、イエスに従って来たのです。

パリサイ人（※ユダヤ教の熱心な信徒で、戒律を重んじる人達）の律法学者達は、イエスが罪人達や取税人等と一緒に食事をしておられるのを見て、弟子達に尋ねて言いました。「なぜ、あの方は取税人や罪人達と一緒に食事をされるのですか」と。

イエスはこれをお聞きになって言われました。「健康な人達には、医者は必要ないのです。しかし、病人には医者は必要です。私がこの世にやって来たのは、義人を招待する為に来たのではありません。罪人を招く為に来たのです」と。

断食と安息日についてのイエスの教え

「ヨハネの弟子とパリサイ人とは、斷食しゐたり。人々イエスに來りて言ふ『なにゆゑヨハネの弟子とパリサイ人の弟子とは斷食して、汝の弟子は斷食せぬか』、イエス言ひ給ふ『新郎の友だち、新郎と偕にをるうちは斷食し得べきか、新郎と偕にをる間は斷食するを得ず。然れど新郎をとらるる日きたらん、その日には斷食せん。唯も新しき布の裂を舊き衣に縫ひつくることは爲じ、もし然せは、その補ひたる新しきものは、舊き物をやぶり、破綻さらに甚だしからん。唯も新しき葡萄酒を、ふるき革嚢に入るることは爲じ。もし然せば、葡萄酒は嚢をはりさきて、葡萄酒も嚢も廢らん。新しき葡萄酒は、新しき革嚢に入るるなり』

イエス安息日に麥畠をとほり給ひしに、弟子たち歩みつつ穂を摘み始めたれば、パリサイ人、イエスに言ふ『視よ、彼らは何ゆゑ安息日に爲まじき事をするか』、答へ給ふ『ダビデその伴へる人々と共に乏しくして飢ゑしとき爲しし事を未だ讀まぬか。即ち大祭司アビアタルの時、ダビデ神の家に入りて、祭司のほかは食ふまじき供のパンを取りて食ひ、おのれと偕なる者にも與へたり』、また言ひたまふ『安息日は人のために設けられて、人は安息日のために設けられず。然れば人の子は安息日にも主たるなり』（第二章一八〜二八節）。

その頃、バプテスマのヨハネの弟子達とパリサイ人たちが断食をしていました。そこで、人々がイエスのもとにやって来て言いました。「ヨハネの弟子達や、律法学者の弟子たちが断食しているのに、あなたの弟子達は、どうして断食しないのですか」。するとイエスは答えて言われました。「花婿（イエスのこと）につき従う友達（イエスの弟子達のこと）は、花婿がそばで一緒にいるのに、果して断食できるでしょうか。花婿と一緒に居る間は断食できないのです。しかし、やがて花婿が彼等から取り去られる日が来ます。その日には、彼らは断食するでしょう。又、唯も真新しい布切れで、古い着物の継ぎはぎをしたりは致しません。もしそんなことをすれば、新しい継ぎ布は古い着物を引き裂いて、破れがもっとひどくなるでしょう。同様に、新しい葡萄酒を古い皮袋に入れるようなことは、唯もしません。もしそうすれば、葡萄酒は古い皮袋を張り裂いて、葡萄酒も皮袋も駄目にしてしまいます。新しい葡萄酒は新しい皮袋に入れるのに限ります」。

（これは、バプテスマのヨハネの教えを引き継ぐのではなく、又、ユダヤ教の律法主義とも全く異なる新しい福音を、述べ伝える決意を表明したものと思われます。又、やがて来るであろう弟子達との離別をも暗示しています）。

その後、或る安息日のこと、イエスは麦畑を通って行かれました。その時、従った弟子達が歩き乍ら、穂を摘み始めました。これを見たパリサイ人達が、イエスに言いました。「ご覧なさい。いったいどうして、彼等は安息日だというのに、してはならないことをするのですか」。イエスは答えて彼等に言いました。「ダビデ王とその供の者達が、食物が無くて飢えで困窮した時、ダビデ王が何をしたか、読んだことがありますか。ノブ（※エルサレムに近いベニアミン部族の町）の大祭司がアビアタルの時、彼は神殿に参上し、祭司以外の者が決して食べてはならないと言われるお供えのパンを食べさせてもらい、又、供の者達にも与えたとあるではありませんか」。更につけ加えて言いました。「安息日は人の為に設けられたものであります。人が安息日のために造られたのでは、決してありません。人の子（イエス）は、安息日であっても、主人であることには変りありません」。

（既に述べましたように、「十戒」の第四番目に「安息日の聖別」があります。人は六日間は頑張って仕事をし、七日目は休息して父なる神に感謝の意を捧げなさいと言うものです。しかし、食べ物が無い等特段の事情があれば、人はそれを優先しても良いと言う柔軟な考えを示しています）。

再びカペナウムの会堂とガリラヤ湖岸での出来事とイエス十二使徒の任命

「また會堂に入り給ひしに、片手なえたる人あり。人々イエスを訴へんと思ひて、安息日にかの人を醫すや否やと窺ふ。イエス手なえたる人に『中に立て』といひ。また人々に言ひたまふ『安息日に善をなすと惡をなすと、生命を救ふと殺すと、孰かよき』彼ら默然たり。イエスその心の頑固なるを憂ひて、怒り見回して、手なえたる人に『手を伸べよ』と言ひたまふ。かれ手を伸べたれば癒ゆ。パリサイ人いでて、直ちにヘロデ黨の人とともに、如何にしてかイエスを亡さんと議る。

イエスその弟子とともに、海邊に退き給ひしに、ガリラヤより來れる夥多しき民衆も從ふ。又ユダヤ、エルサレム、イドマヤ、ヨルダンの向の地およびツロ、シドンの邊より夥多しき民衆その爲し給へる事を聞きて、御許に來る。イエス群衆のおしなやますを逃れんとて、小舟を備へ置くことを弟子に命じ給ふ。これ多くの人を醫し給ひたれば、凡て病に苦しむもの、御體に觸らんとて押迫る故なり。また穢れし靈イエスを見る毎に、御前に平伏し、叫びて『なんぢは神の子なり』と言ひたれば、我を顯すなとて、嚴しく戒め給ふ。

イエス山に登り、御意に適ふ者を召し給ひしに、彼ら御許に來る。爰に十二人を擧げたまふ。是かれらを御側におき、また教を宣べさせ、惡鬼を逐ひ出す權威を用ひさする爲に、遣さんとてなり。此の十二人を擧げて、シモンにペテロといふ名をつけ、ゼベダイの子ヤコブ、その兄弟ヨハネ、此の二人にボアネルゲ、即ち雷霆の子という名をつけ給ふ。又アンデレ、ピリポ、バルトロマイ、マタイ、トマス、アルパヨの子ヤコブ、タダイ、熱心黨のシモン、及びイスカリオテのユダ、このユダはイエスを賣りしなり」（第三章一～一九節前半）。

イエスが再びカペナウムの会堂にはいられると、そこには片手のなえた人がいました。イエスを心良く思わない人達が、安息日に何かあればイエスを訴えようと待ち構え、片手のなえた人を直すかどうか、様子を伺っていました。イエスは手のなえたその人に向って、「立ち上って、真中に出て来なさい。」と言われました。そして待ち構えている人々に、「安息日に於て良いこととは、善を行うことなのか、それとも悪を行うことなのか。人の命を救うことなのか、それとも人を殺すことなのか。いずれが良いことか」と言われました。彼等は黙り込んで何も答えませんでした。

イエスは彼等の心のかたくなさを嘆き、怒りを露わにして彼等を見回して後、手なえた人に、「手を伸ばしなさい」と言われました。彼が手を伸ばすと、その手は元どおりに治癒しました。

これを見たパリサイ人達は会堂を出て行き、すぐにヘロデ党（※伝統的な旧来のユダヤ教を排斥し、ローマやギリシャの思想を積極的に取り入れて、この世的な国造りを志向していた。従って本来は、律法主義的なパリサイ人とは相容れないのですが、イエス排斥では一致していた）の者達と、どのようにしてイエスを葬り去ろうかと相談し始めました。

その後、イエスは弟子たちと共に、ガリラヤ湖（テベリヤの海とも呼ばれた）のほとりに退かれましたが、ガリラヤの各地から来た大勢の群衆がイエスの後を追いました。また、ユダヤから、エルサレムやイドマヤから、更にはヨルダン川の向こうから、ツロやシドンあたりからも、おびただしい人々が、イエスがなされておられる奇跡を聞いて、みもとにやって来ました。

イエスは大勢の群衆が押し寄せて来る危険を避けるために、小舟を用意するようにと、弟子達に命じました。それは、多くの人達を癒されたので、病気に苦しむ沢山の人々が、皆イエスのお体にさわろうとして押しかけて来たからであります。

又、汚れた霊（※サタンの悪霊）がイエスを見る毎に、みまえに平伏し「あなた様は神の子です」と叫びました。そこでイエスは、ご自身のことを決して人にあらわさないようにと、悪霊を厳しく戒められました。

それから、イエスは山に登り、ご自分の意にかなった者達を呼び寄せられたので、彼等はみもとに参上しました。召された人は、十二人でした。それは彼等を身近に置き、或る時は福音を宣べさせ、又、或る時は悪霊を追い出す権威を持たせて、彼等を派遣させるためでした。

こうして、イエスは十二人の弟子を任命されたのであります。その方々とは、シモン（ペテロと言う名を賜った）、ゼベダイの子ヤコブとその弟ヨハネ（この二人の兄弟はボアネルゲ、即ち、雷の子等と渾名をつけられました）、アンデレ（※ペトロの弟）、ピリポ、バルトロマイ、マタイ、トマス、アルパヨの子ヤコブ（※小ヤコブと呼ばれる）、タダイ、熱心党（※反ローマを掲げ、ユダヤ人が組織した国粋的団体である。こゝでは熱心な者という意味だと考えられます）のシモン、イスカリオテ（※ヘブライ語で「ケリオテの人」という意味だそうで、他の同じ人名ユダと区別するためのもの）のユダ（このユダこそが、イエスを裏切った者である）であります。

イエスの聖霊の力と聖霊を穢す罪、又、イエスの母、兄弟達とは

「斯てイエス家に入り給ひしに、群衆また集り來りたれば、食事する暇もなかりき。その親族

の者これを聞き、イエスを取り押へんとて出で來る。イエスを狂へりと謂ひてなり。又エルサレムより下れる學者たちも『彼はベルゼブルに憑かれたり』と言ひ、かつ『惡鬼の首によりて惡鬼を逐ひ出すなり』と言ふ。

イエス彼らを呼びよせ、譬にて言ひ給ふ『サタンは、いかでサタンを逐ひ出し得んや。もし國分れ爭はば、其の國立つこと能はず、もし家分れ爭はば、其の家立つこと能はざるべし。若しサタン己に逆ひて分れ爭はば、立つこと能はず、反って亡び果てん。唯にても先づ強き者を縛らずば、強き者の家に入りて其の家財を奪ふこと能はじ、縛りて後その家を奪ふべし。誠に汝らに告ぐ、人の子らの凡ての罪と、けがす瀆とは赦されん。然れど聖靈をけがす者は、永遠に赦されず、永遠の罪に定めらるべし』、これは彼らイエスを『穢れし靈に憑かれたり』と云へるが故なり。

爰にイエスの母と兄弟と來りて外に立ち、人を遣してイエスを呼ばしむ、群衆イエスを環りて坐したりしが、或者いふ『視よ、なんぢの母と兄弟・姉妹と外にありて汝を尋ぬ』、イエス答へて言ひ給ふ『わが母、わが兄弟とは唯ぞ』斯て周圍に坐する人々を見回して言ひたまふ『視よ、これは我が母、我が兄弟なり。唯にても神の御意を行ふものは、是わが兄弟、わが姉妹、わが母なり』（第三章一九節後半〜三五節）。

その後、イエスは家に入られましたが、大勢の群衆がまた集って来たので、イエスとその供の者達は食事する暇もありませんでした。イエスの言動を伝え聞いた身内の者達は、イエスを取り押えて何とか連れて帰ろうと出て来たのです。気が狂ったと思ったからであります。エルサレムから下って来ていた律法学者達も「彼はベルゼブル（※悪霊の主のことで、サタンと同義語です）に取り付かれている」と言い、更に「悪霊どもの頭領の力によって、悪霊どもを追い出しているのだ」とも言いました。

それを聞いたイエスは彼等を呼び寄せて、たとえをもってお話しになりました。「サタンがどうして、同じ仲間のサタンを追い出すことができるでしょうか。もし国が、内部対立して相争うならば、その国は立ち行くことができないでしょう。もし家が内輪もめして、分れ争うとすれば、その家は立ち行かなくなるでしょう。

それと同じように、サタンが内部対立を起し、分裂して相争うならば立ち行くことができず滅ぶしかないのです。

もし強い人が居る家に押し入って、家財を略奪しようと思えば、その一番強い人を縛り上げなければ、目的を達することは出来ません。

縛って後はじめて、家財を奪うことができるのです。

あなた方によく言い聞かせます。人間達はその犯した凡ての罪を赦されることがあるでしょう。又、神に向って瀆し言をいったとしても赦されるかも知れません。しかし、聖霊を穢すものは唯であろうと、永遠に赦されること無く、とこしえの罪に定められるのです」。

イエスがこのように言われたのは、律法学者達が、「イエスは穢れた霊に取りつかれている」と言ったからであります。

さて、やって来たイエスの母や兄弟達が、外に立ち、人を使わせてイエスを呼ばせました。その時は大勢の群衆が、イエスを取り囲んで座っていたからです。そこで、使いの者がイエスに言いました。「ご覧なさい。あなたの母上や兄弟・姉妹たちが、外であなたを尋ねて来ておられます」。するとイエスは答えて言われました。「私の母、私の兄弟とは、どなたのことを言うのですか」。そして、自分をぐるりと取り囲んで座っている人々を見回して言われました。「ご覧なさい。こゝに居られる方々が、私の母であり、兄弟達であります。唯にても神の御こゝろを行う者達は凡て、私の兄弟・私の姉妹、私の母上である」と。

種が蒔れた地面と生長する種のたとえ

「イエスまた海邊にて教へ始めたまふ。夥多しき群衆、みもとに集りたれば、舟に乗り海に泛びて坐したまひ、群衆みな海に沿ひて陸にあり。譬にて數多の事ををしへ、教の中に言ひたまふ。『聽け、種播くもの、播かんとて出づ。播くとき、路の傍らに落ちし種あり、鳥きたりて啄む。土うすき磽地に落ちし種あり、土深からぬによりて、速かに萌え出でたれど、日出でてやけ、根なき故に枯る。茨の中に落ちし種あり、茨そだち塞ぎたれば、實を結ばず。良き地に落ちし種あり。生え出でて茂り、實を結ぶこと、三十倍、六十倍、百倍せり』、また言ひ給ふ『きく耳ある者聽くべし』

イエス人々を離れ居給ふとき、御許にをる者ども、十二弟子とともに、此等の譬を問ふ。イエス言給ふ『なんじらには神の國の奥義を與ふれど、外の者には、凡て譬にて教ふ。これ「見るとき見ゆとも認めず、聽くとき聞ゆとも悟らず、翻へりて赦さるる事なからん」爲なり』、また言ひ給ふ『なんぢら此の譬を知らぬか、然らば爭でもろもろの譬を知り得んや。播く者は御言を播くなり。御言の播かれて路の傍らにありとは、斯る人をいふ、即ち聞くとき、直ちにサタン來りて、その播かれたる御言を奪ふなり。同じく播かれて磽地にありとは、斯る人をいふ、即ち御言をききて、直ちに喜び受くれども、その中に根なければ、ただ暫し保つのみ、御言のために、患難また迫害にあふ時は、直ちに躓くなり。また播かれて茨の中にありとは、斯る人をいふ、即ち御言をきけど、世の心労、財貨の惑、さまざまの慾いりきたり、御言を塞ぐによりて、遂に實らざるなり。播かれて良き地にありとは、斯る人をいふ、即ち御言を聴きて受け、三十倍、六十倍、百倍の實を結ぶなり』。

また言ひたまふ「升のした、寝臺の下におかんとて、燈火をもち來るか、燈臺の上におく爲ならずや。それ顯はるる爲ならで、隱るるものなく、明かにせらるる爲ならで、秘めらるるものなし。聴く耳あるものは聴くべし』。また言ひ給ふ『なんぢら聴くことに心せよ、汝らが量る量にて量られ、更に増し加へらるべし。それ有てる人は、なほ與へられ、有たぬ人は、有てる物をも取らるべし」

また言ひたまふ『神の國は、或人、たねを地に播くが如し、日夜起臥するほどに、種はえ出でて育てども、その故を知らず。地はおのづから實を結ぶものにして、初には苗、つぎに穗、つひに穗の中に充ち足れる穀なる。實、熟れば直ちに鎌を入る、収穫時の到れるなり』（第四章三〜二九節）。

イエスはまた、ガリラヤ湖畔で父なる神の教えを宣べ始めました。夥しい数の群衆がみもとに集って来ましたので、前もって用意してあった舟に乗り込み、湖上に浮べた舟の上に腰をおろされました。群衆は皆、湖畔に沿って陸地に居ることになりました。

そこでイエスは、たとえによって多くの事を教え始めました。その教えの中で次のようなことを彼等に言われました。

「よく聞きなさい。種蒔く人が種を蒔くために出かけて行きました。種を蒔いている時、道端に種が落ちました。すると、間もなく鳥がやって来て食べてしまいました。

ほかの種が土の薄い石地の上に落ちました。そこは土が深くなかったので、すぐに芽を出しましたが、太陽が登って来ると焼けて、根がない爲に枯れてしまいました。

又、別の種が茨の中に落ちました。すると茨が伸び育って来て、その上をすっかり覆ってしまったので、実を結ぶことができませんでした。

肥沃な良い土地に蒔かれた種がありました。その種は芽生えて、すくすく育って実を結び、三十倍、六十倍、百倍にもなりました」。そして続けて言われました。「聞く耳ある者は、良く聞きなさい」と。

イエスが群衆と離れて一人になられた時、いつもみもとにつき従っている者達や、十二弟子たちが、先程イエスが話された譬について尋ねました。

そこで、イエスは彼等に言われました。「あなた方には、神の国の奥義を授けているが、他の人達には凡て、譬にて話すのです。それは、『彼等は確かに、見るには見るが認めようとせず、聞くには聞くが悟ろうとしません。それでは悔い改めて赦されることがないからです』。

続けて、彼等に言われました。「あなた方はこの譬がわからないのですか。そんなことでは、どうして色々な譬を理解することができましょうや。

種蒔く者とは、御言（みことば）を宣べ伝える人のことであります。御言が路傍に落ちたとは、次のような人達のことを指します。即ち、御言を聞くときすぐにサタンがやって来て、折角彼等の中に蒔かれた御言が奪い去られてしまうような人達です。

同様に、御言が石地に落ちたとは、こう言う人達のことであります。即ち、御言を聞くとすぐに喜んで受け入れるが、自分の中に根を張らないので、暫く続くだけなのです。御言の故に困難や迫害がやって来ると、直ちに躓いてしまうような人達です。

御言が茨の中に蒔かれたとは、次のような人達のことを指します。即ち、御言を聞いて良く理解します。しかし、世間体その他世のしがらみに縛られたり、金持故の富の誘惑、そのほか色々な欲望が入り込んで来て、御言を覆い隠してしまうので、実を結ぶことが出来ない人々を指します。

御言が肥沃な良い土地に蒔かれたとは、こう言う人達のことを言います。即ち、御言を聞いて素直に受け入れ、三十倍、六十倍、百倍と実を結ぶ人々のことであります。

続けて言われました「ますの下や寝台の下に置く爲に、私達はあかりを持って来るでしょうか。そうではなく燭台の上に置くためではありませんか。

それは、隠されているものが、必ず現わにされるためであり、秘密にされているもので、明るみに出されないものがないようにする爲であります。聞く耳をもっている者は、良く聞きなさい」。

また言われました。「あなた方は、聞いている事柄に良く注意しなさい。あなた方が、人を計ればその秤で、自分も秤にかけられるのです。その上に更に重りが増し加えられるでしょう。それ、持っている者には、更に与えられ、持たない者は、持っているものまで取り上げられてしまうのです」。

更に言われました。「神の国は、ある人が地に種を蒔くようなものです。日夜、起きたり寝たりしている間に種は芽を出し、すくすくと育って行きます。何故そうなるか人は知りません。土地は自然と実を結ばせるものであり、初めに苗、次には穂、遂には穂の中に豊かな実がはいります。実が熟すると、人はすぐに鎌を入れます。刈入れの時がやって来たからであります」。

神の国のたとえと、真の信仰とは

「また言ひ給ふ『われら神の國を何になずらへ、如何なる譬をもて示さん。一粒の芥種のごとし、地に播く時は、世にある萬の種より小けれど、既に播きて生え出づれば、萬の野菜よりは大く、かつ大なる枝を出して、空の鳥その蔭に棲み得るほどになるなり』

斯のごとき數多の譬をもて、人々の聽きうる力に隨ひて、御言を語り、譬ならでは語り給はず。弟子たちには、人なき時に凡ての事を釋き給へり。

その日、夕になりて言ひ給ふ『いざ彼方に往かん』、弟子たち群衆を離れ、イエスの舟にゐ給ふまま共に乘り出づ、他の舟も從ひゆく。時に烈しき疾風おこり、浪うち込みて、舟に滿つるばかりなり。イエスは艫の方に茵を枕として寢ねたまふ。弟子たち呼び起して言ふ『師よ、我らの亡ぶるを顧み給はぬか』

イエス起きて風をいましめ、海に言ひたまふ『默せ、鎭れ』乃ち風やみて大なる凪となりぬ。斯て弟子たちに言ひ給ふ『なに故かく臆するか、信仰なきは何ぞ』、かれら甚く懼れて互に言ふ『こは唯ぞ、風も海も順ふとは』（第四章三〇～四一節）。

イエスは続けて言われました。「神の国は、どのようなものに譬えて言えば良いのでしょうか。

それは一粒のからし種のようなものだと、考えます。地に蒔かれる時は、地上にあるどのような種より小さいのですが、それが蒔かれると、芽を出しどんどん成長して、どのような野菜よりも大きくなり、大きな枝を張って、その陰に空飛ぶ鳥が巣を作る程にもなるのです。(神の聖霊の種が、一旦、人の霊魂の上に蒔かれると、その種がどんなに小さいものであろうと、芽を出してどんどん成長し、他の人達を感化せずにはおれません。)」

このように沢山の譬を用いて、人々の聞き取る能力に応じ、イエスは御言を語られたのであります。このような譬によらないで語られることはありませんでしたが、たゞ、ご自分の弟子達に対してだけは、ひそかに凡てのことを解き明かされたのです。

その日の夕方になって、イエスは弟子達に向って、「さあ、向こう岸に渡ろう」と言われました。そこで、弟子達は群衆をあとに残し、イエスが乗っておられるその舟にのり漕ぎ出しました。他の舟も一緒について行きました。暫くすると、激しい疾風が起こり、波が舟の中に打ち込んで来て、舟の中は水浸しとなりました。ところがイエスは、船尾の方で敷き物を丸めて枕にし、眠っておられました。そこで、弟子達はイエスを呼び起して言いました。「先生、私達が溺れ死にそうになっているのに、おかまいにならないのですか」。イエスは起き上って風を叱りつけ、湖に向って「黙れ、静まれ」と言われました。

するとどうでしょう。風は止んで、大凪となりました。イエスは弟子達に言われました。

「あなた達は、どうしてそんなに恐がるのですか、どうしてそんなに信仰がないのでしょうか」と。彼らは恐れおのゝき、互いに言い合いました。「このお方は、いったいどういうお方なのでしょう。風や湖も言うことを聞いて従うとは』。

（父なる神の試みに対して慌てふためく弟子達の信仰の薄さを、イエスは戒めています）。

悪霊に取り付かれた人を癒す

「斯て海の彼方なるゲラセネ人の地に到る。イエスの舟より上り給ふとき、穢れし靈に憑かれたる人、墓より出でて、直ちに遇ふ。この人、墓を住處とす、鏈にてすら今は誰も繋ぎ得ず。彼はしばしば足械と鏈とにて繫がれたれど、鏈をちぎり、足械をくだきたり、唯も之を制する力なかりしなり。夜も晝も、絶えず墓あるひは山にて叫び、己が身を石にて傷けゐたり。かれ遙かにイエスを見て、走りきたり、御前に平伏し、大聲に叫びて言ふ『いと高き神の子イエスよ、我は汝と何の關係あらん、神によりて願ふ、我を苦しめ給ふな』、これはイエス『穢れし靈よ、この人より出で往け』と言ひ給ひしに因るなり。イエスまた『なんぢの名は何か』と問ひ給へば「わが名はレギオン、我ら多きが故なり』と答へ、また己らを此の地の外に逐ひやり給はざらんことを切に求む。彼處の山邊に豚の大なる群、食しゐたり。惡鬼どもイエスに求めて言ふ『われらを遣して豚に入らしめ給へ』

イエス許したまふ。穢れし靈いでて、豚に入りたれば、二千匹ばかりの群、海に向ひて崖を駈けくだり、海に溺れたり。飼ふ者ども逃げ往きて、町にも里にも告げたれば、人々何事の起りしかを見んとて出づ。斯てイエスに來り、惡鬼に憑かれたりし者、即ちレギオンをもちたりし者の、衣服をつけ、慥なる心にて坐しをるを見て、懼れあへり。かの惡鬼に憑かれたる者の上にありし事と、豚の事を見し者ども、之を具に告げたれば、人々イエスにその境を去り給はん事を求む。イエス舟に乘らんとし給ふとき、惡鬼に憑かれたりしもの偕に在らん事を願ひたれど、許さずして言ひ給ふ『なんぢの家に、親しき者に歸りて、主がいかに大なる事を汝に爲し、いかに汝を憫み給ひしかを告げよ』、彼ゆきてイエスの如何に大なる事を己になし給ひしかをデカポリスに言ひ弘めたれば、人々みな怪しめり」（第五章一～二〇節）。

このようにして、イエス一行はガリラヤ湖の向こう岸、ゲラセネ人の住んで居る町に到着しました。イエスが舟より上られるとすぐ、汚れた霊に憑かれた人が墓場から出て来て、イエスをお迎えしました。

この人は墓場を住処としており、今では唯も、鎖ですら彼を繋ぎ止めることが出来ません。かっては、彼は度度足かせや鎖で繋がれましたが、その都度鎖を引きちぎり、足かせを砕いてしまったので、その後は唯も、彼を制するだけの力がないのです。彼は夜となく昼となく絶え間なく、墓場や山で叫び続け、石で自分の体を傷つけたりしました。

彼は遙か遠くからイエスを見つけ、走り寄って来てイエスにひれ伏し、大声で叫んで言いました。「いと高き神の子イエス様、あなた様は私めとどのような係わりがあるのでしょうか。父なる神の御名によってお願いします。

どうぞ、私めをこれ以上苦しめないで下さい」。それはイエスが「汚れた霊よ、この人より出て行け」と言われたからであります。

そこで、イエスは彼に「おまえの名は、何と言うか」とお尋ねになりました。彼は答えて「私の名はレギオン（※ラテン語《レギオー＝軍団》の派生語だそうで、元来はローマ軍隊の一区分です。騎兵隊三〇〇人を配属させた三〇〇〇人の歩兵より成り立っていましたが、新約時代になると騎兵の他に六〇〇〇人の歩兵が一般的な規模となりました。こゝでは汚れた霊が大勢居ることを表現した名前）と言います。悪霊達が沢山いるからです」と言いました。そして、どうか私達をこの土地より追い出さないで下さいとしきりに懇願しました。

ところで、その山の中腹に、豚の大群が飼育されていました。悪霊共がイエスに願って言いました。「どうか私共を豚達の中に送り込み、それらに乗り移らせて下さい」。

イエスがそれをお許しになったので、汚れた霊共は彼より出て行き、豚達の中に這り入込みました。すると、悪霊共が乗り移った二千匹あまりの豚が、崖を駆け下ってガリラヤ湖の中になだれ落ち、湖の中で溺れ死にました。豚を飼育していた者達は驚いて逃げ出し、町や村にこれらの出来事を、ふれ回りました。これを聞いた人々は、何事が起ったのかと見にやって来ました。このようにして、イエスのところに来て見ると、悪霊共に取り付かれていた人、即ちレギオンを宿していた人が衣服をちゃんとつけ、正気に戻ってきちんと座って居るのを見たので、彼等は恐怖を感じました。

実際にこれらの出来事、即ち、悪霊に取り付かれていた人の身に起ったことや豚のことを見ていた人達が、出来事の凡てを集って来ている人々に詳しく話して聞かせました。そこで、人々はイエスに、この地方から離れて下さるようお願いしました。

イエスが舟に乗ろうとされた時、かつて悪霊に取り付かれていた人が、お供をしたいとイエスに願い出ました。しかし、お許しにならず、彼に言われました。「あなたの家に帰り、家族の者達に、主がどんなに大きなことをあなたにして下さったか、又、どんなに憐れんで下さったかを知らせなさい」と。

そこで、彼はイエスのもとを立ち去り、自分にどんなに大きなことをイエスがして下さったかを、デカポリス（※デカは一〇を、ポリスは都市を意味しますので、一〇都市連合のことです。スキトポリスを除いてあとは凡て、ヨルダン川の東方に位置する町の連合体です）の地方に言い広め始めましたので、人々はみな驚くと共に怪しみました。

長血の女のいやしと会堂長の娘を生かす

「イエス舟にて、復かなたに渡り給ひしに、大なる群衆みもとに集る、イエス海邊に在せり。會堂司の一人、ヤイロといふ者きたり、イエスを見て、その足下に伏し、切に願ひて言ふ『わが稚なき娘、いまはの際なり、來りて手をおき給へ、さらば救はれて活くべし』イエス彼と共にゆき給へば、大なる群衆したがひつつ御許に押迫る。

爰に十二年、血漏を患ひたる女あり。多くの醫者に多く苦しめられ、有てる物をことごとく費したけれど、何の効なく、反って増々悪しくなりたり。イエスの事をきて、群衆にまじり、後に來りて、御衣にさはる。『その衣だに觸らば救はれん』と自ら謂へり。斯て血の泉、ただちに乾き、病のいえたる身に覺えたり。イエス直ちに能力の己より出でたるを自ら知り、群衆の中にて、振反り言ひたまふ『誰か我の衣に觸りしぞ』、弟子たち言ふ『群衆の押迫るを見て、唯が我に觸りしぞと言ひ給ふか』、イエスこの事を爲しし者を見んとて見回し給ふ。女おそれ戰き、己が身になりし事を知り、來りて御前に平伏し、ありしままを告ぐ。イエス言ひ給ふ『娘よ、なんぢの信仰なんぢを救へり、安らかに往け、病いえて健やかになれ』

かく語り給ふほどに、會堂司の家より人々きたりて言ふ『なんぢの娘は早や死にたり、爭でなほ師を煩はすべき』、イエス其の告ぐる言を傍より聞きて、會堂司に言ひたまふ『懼るな、ただ信ぜよ』、斯てペテロ、ヤコブその兄弟ヨハネの他は、ともに往く事を唯にも許し給はず。彼ら會堂司の家へ來る。イエス多くの人の、甚く泣きつ叫びつする騒を見、入りて言ひ給ふ『なんぞ騒ぎ、かつ泣くか、幼兒は死にたるにあらず、寐ねたるなり』、人々イエスを嘲笑ふ。イエス彼等をみな外に出し、幼兒の父と母と己に伴へる者とを率きつれて、幼兒のをる處に入り、幼兒の手を執りて『タリタ、クミ』と言ひたまふ。少女よ、我なんぢに言ふ、起きよ、との意なり。直ちに少女たちて歩む、その歳十二なりければなり。彼ら直ちに甚く驚きおどろけり。イエス此の事を誰にも知れぬやうにせよと、堅く彼らを戒め、また食物を娘に與ふることを命じ給ふ」（第五章二一～四三節）。

イエスが再び舟に乗り込み、ガリラヤ湖の向こう岸に渡られると、大勢の群衆がみもとに集って来ました。イエスが湖畔にとゞまっていると、町の会堂長の一人であるヤイロと言う者がやって来ました。

イエスを見るとその足下に平伏し、一所懸命に願って言いました。「私の幼い娘が死にかけています。どうか私の家迄ご足労下さって、娘の上に御手を置いてやって下さい。さすれば、間違いなく病気も癒えて元気になります」。

それで、イエスは彼と一緒に出発しましたが、大勢の群衆もその後を追い、イエスのみもとに押し迫りました。

こゝに十二年間も長血（※婦人の子宮から出血する病気）を患ってる女が居ました。

彼女は、多くの医者にかゝりましたが、さんざんひどいめに会わされ、自分の持ち物を全て費してしまいましたが、何のかいもなく、却って益々悪くなるような状態でした。

イエスのことを伝え聞いた彼女は、群衆の中に紛れ込み、イエスのうしろから、その御衣にそっと触れました。『イエス様の御衣にさわれば、きっと直る』と信じていたからであります。

するとどうでしょう。すぐに血の出口が乾き、病気が直ったことを、彼女はその身に感じました。

イエスは直ちに、自分の内から力が抜け出して行ったことを察知しました。そこで群衆の中で振り返り、「唯が私の衣に触ったのですか」と言われました。

すると弟子達が言いました。「ご覧のように群衆があなた様に押し迫って来ています。それでも唯が触ったのかとおっしゃられるのですか」と。

イエスは尚も、唯が衣に触ったかを知ろうとして、見まわしました。

彼女は、己の身に起ったことを知って、恐れおのゝいてイエスの前に進み出てひれ伏し、凡ての真実を残らず申し上げました。その時イエスはその女に言われました。「娘よ、あなたの信仰があなたを救い出したのです。安心して行きなさい。病気をすっかり直して、すこやかに過しなさい」。

イエスがこのように話しておられる時に、会堂長の家から人々がやって来てヤイロに言いました。「あなたのお嬢さんは、もうなくなりました。この上、先生をお煩わしする必要があるのでしょうか」。イエスが、彼等の話している言葉をそばで聞いて、会堂長に言われました。「何も恐れることはない。たゞ信じなさい」。

それから、ペテロ、ヤコブ、その弟ヨハネの他は、唯もイエスと同行することをお許しにならず、会堂長の案内で彼の家に到着しました。そこでは、人々が大声で泣いたり叫んだりして取り乱していました。これをご覧になったイエスは、家の中に入るとすぐ「どうしてそんなに泣き騒ぐのですか。子供は死んだのではありません。たゞ眠っているだけなのです」と彼等に言われました。そこで、居合せた人々はイエスを嘲笑いました。

イエスは彼らを皆、家の外に出し、子供の父母とご自分の供の者達だけを連れ、子供の居る部屋に入られました。そして、その子供の手をそっと取って「タリタ、クミ」（※アラム語、アラム語はイエスの母語でこれをそのまゝ記載しているのは、マルコ伝の特徴です）と言われました。これは「少女よ、起きなさい」という意味であります。

するとどうでしょう、少女はすぐさま起き上がって、歩き始めました。十二歳であったからです。側に居た人達は、たちまち大いに驚きました。イエスは、このことを唯にも話さないようにと、彼等にきびしく命じられ、又、少女に食物を与えるようにとも言われました。

イエスの郷里での宣教と十二弟子達の派遣

「斯て其處をいで、己が郷に到り給ひしに、弟子たちも從へり。安息日になりて、會堂にて教へ始め給ひしに、聞きたる多くのもの驚きて言ふ『この人は此等のことを何處より得しぞ、此の人の授けられたる知慧は何ぞ、その手にて爲す斯のごとき能力あるわざは何ぞ。此の人は木匠にして、マリヤの子、またヤコブ、ヨセ、ユダ、シモンの兄弟ならずや、其の姉妹も此處に我らと共にをるに非ずや』、遂に彼に躓けり。イエス彼らに言ひたまふ『預言者は、おのが郷、おのが親族、おのが家の外にて尊ばれざる事なし』、彼處にては、何の能力ある業をも行ひ給ふこと能はす、ただ少數の病める者に、手をおきて醫し給ひしのみ。彼らの信仰なきを怪しみ給へり。

斯て村々を歴巡りて教え給ふ。また十二弟子を召し、二人づつ遣しはじめ、穢れし靈を制する權威を與へ、かつ旅のために、杖一つの他は、何をも持たず、糧も嚢も帶の中に錢をも持たず、ただ草鞋ばかりをはきて、二つの下衣をも著ざることを命じ給へり。斯て言ひたまふ『何處にても人の家に入らば、その地を去るまで其處に留れ。何地にても汝らを受けず、汝らに聽かすば、其處を出づるとき、證のために足の裏の塵を拂へ』、爰に弟子たち出で往きて、悔改むべきことを宣傳へ、多くの悪鬼を逐ひいだし、多くの病める者に油をぬりて醫せり」（第六章一～一三節)。

イエスはその地を去り、弟子達を従えてご自分の郷里ナザレに帰って来ました。安息日になったので、会堂で父なる神の教えを説き始めました。

それを聞いた多くの人々は、大変驚いて言いました。「この人は、このようなことをどこで学んできたのでしょう。この人が授っている知恵や、この人の手でなされるこのような力あるわざは、いったい何なのでしょう。この人は大工ではありませんか。マリヤの長男で、ヤコブ、ヨセ、ユダ、シモンの兄弟ではありませんか。又、彼の姉妹達もこゝで私達と一緒に住んでいるではありませんか」。

このように彼等はイエスに躓きました。そこで、イエスは彼らに言われました。「予言者が尊敬されるのは、自分の故郷、親族、家以外の所です」。そしてこの郷里では、力あるわざを一つも行うことが出来ず、たゞ少数の病人に手を置かれていやされただけでした。イエスは、彼等の不信仰に驚き怪しまれました。

それから、イエスは近くの村々を巡り歩いて、人々に教えを説きました。又、十二弟子達を呼び、二人ずつ宣教に遣わし始め、その際彼等に汚れた霊を制する権威をお与えになりました。

旅に出るに当って、杖一本のほかには何も持たず、パンも、袋も、帯の中に銭も持たないで、たゞ草鞋だけをはいて行くように命じました。更に、下着も一枚だけで二枚着てはならないと付け加えました。

そして彼等に言われました。「どの地方に行っても、一軒の家に身を寄せたなら、その土地から出て行く迄は、その家にとゞまるようにしなさい。もし、あなた達を受け入れず、あなた達の話を聞こうともしない地方であったなら、その土地から出て行く際に、そこの人々に対する抗議のあかしとして、足の裏の塵を払い落しなさい」。

このようにして、十二人の弟子達は、次々と出て行き、悔い改めを述べ伝え、多くの悪霊達を追い出し、又、大勢の病人たちに油を塗って癒しました。

ヘロデ王の恐れとバプテスマのヨハネの死の理由

「斯てイエスの名顕れたれば、ヘロデ王きて言ふ『バプテスマのヨハネ、死人の中より甦へりたり。この故に此等の能力その中に働くなり』、或人は『エリヤなり』といひ、或人は『預言者、いにしへの預言者のごとき者なり』といふ。ヘロデ聞きて言ふ『わが首斬りしヨハネ、かれ甦へりたるなり』、ヘロデ先にその娶りたる己が兄弟ピリポの妻ヘロデヤの爲に、みづから人を遣し、ヨハネを捕へて獄に繋げり。ヨハネ、ヘロデに『その兄弟の妻を納るるは宜しからず』と言へるに因る。ヘロデヤ、ヨハネを怨みて殺さんと思へど能はず、それはヘロデ、ヨハネの義にして聖なる人たるを知りて、之を畏れ、之を護り、且その教をききて、大に悩みつつも、なほ喜びて聴きたる故なり。然るに機よき日來れり。ヘロデ己が誕生日に大臣・將校・ガリラヤの貴人たちを招きて饗宴せしに、かのヘロデヤの娘いり來りて、舞をまひ、ヘロデと其の席に列れる者とを喜ばしむ。王、少女に言ふ『何にしても欲しく思ふものを求めよ、我あたへん』、また誓ひて言ふ『なんぢ求めば、我が國の半までも與へん』、娘いでて母にいふ『何を求むべきか』、母いふ『バプテスマのヨハネの首を』、娘ただちに急ぎて王の許に入りきたり、求めて言ふ『ねがはくは、バプテスマのヨハネの首を盆に載せて速かに賜はれ』、王いたく憂いたれど、その誓と席に在る者とに對して拒むこと好まず、直ちに衛兵を遣し、之にヨハネの首を持ち來ることを命ず。衛兵ゆきて獄にて、ヨハネを首斬り、その首を盆にのせ、持ち來りて少女に與ふ、少女これを母に與ふ。ヨハネの弟子たち聞きて來り、その屍體を取りて墓に納めたり」（第六章一四～二九節）。

　このようにして、イエスの名があまねく知れ渡ったので、ヘロデ王の耳にも達しました。そこで、ヘロデ王は言いました。「バプテスマのヨハネが死人の中から甦ったのに違いない。それだから、あのような力が、イエスの中に働くのだ」と。又、或る人は「彼はエリヤ（※オリムリ王朝のアハブ王、アハズヤ王の時代に活躍したイスラエル初期の予言者《B．C．八五九〜八四五年》だ」と言い、更に別の人は「昔いた予言者のような予言者だ」と言いました。

ヘロデ王は、これらの話を聞いても、「私が首切ったバプテスマのヨハネが、よみがえったのだ」と断言するのでした。それには次のような経緯があったからです。

ヘロデ王の異母兄弟ピリポの妻であったヘロデヤは夫を裏切って、ヘロデ王と結婚しようとしたのです。バプテスマのヨハネはこれを知って、「兄弟の妻と結婚することは、良くないことです」とヘロデ王に諫言しました。ヘロデ王と結婚したヘロデアは、これを逆恨みして、彼を捕えて殺すようにヘロデ王に頼みました。そこでヘロデ王は、人を遣してヨハネを捕え、投獄したのでした。

しかし、ヘロデ王は彼を殺すことをしませんでした。それはヨハネが正しく聖なる人であることを知るに及んで、彼を恐れ、却って保護を加えたのでした。しかも、彼の教えを聞く時、非常に悩み乍らも、喜んで耳を傾けていたからであります。

ところが、ヘロデヤにとって、良い機会が訪れました。ヘロデ王が自分の誕生日の祝に政府の高官や、将校や、ガリラヤのおもだった人達を招いて、祝宴を催した際、ヘロデヤの娘がはいって来て踊りを披露しました。それを見たヘロデ王や列席の客人達は大変喜びました。そこで、王はこの少女に「何でも欲しいものがあれば言いなさい。あなたにあげよう」と言い、更に、「あなたが望むなら、この国の半分を与えても良い」と誓って言いました。少女は出て行って、母に尋ねました。「何をお願いしたら良いのでしょうか」と。母は即座に「バプテスマのヨハネの首を」と答えました。その娘は大急ぎで王のもとに馳せ戻り、「今すぐ、バプテスマのヨハネの首を、盆に載せて賜わるようお願いします」と言いました。

ヘロデ王は、大変心を痛めましたが、自分が一旦誓ったことや、列席した人達の手前もあって、少女の願いを断わることを好みませんでした。

それで、王は直ちに衛兵を遣わして、ヨハネの首を持って来るようにと命じました。衛兵はヨハネのところに行き、牢の中で彼の首を切り、盆の上にそれを乗せ、持ち帰って少女に与え、少女はそれを母に渡しました。

ヨハネの弟子達は、これらのことを聞き及んで、彼の遺体を引き取り、墓に納めました。

十二使徒達の帰還と五千人の人達の食物を賄う

「使徒たちイエスの許に集りて、その爲ししこと、教へし事をことごとく告ぐ。イエス言ひ給ふ『なんぢら人を避け、寂しき處に、いざ來りて暫し息へ』、これは往來の人おほくして、食する暇だになかりし故なり。斯て人を避け、舟にて寂しき處にゆく。其の往くを見て、多くの人それと知り、その處を指して、町々より徒歩にてともに走り、彼等よりも先に往けり。イエス出でて、大なる群衆を見、その牧ふ者なき羊の如くなるを甚く憫みて、多くの事を教へはじめ給ふ。時すでに晩くなりたれば、弟子たち御許に來りていふ『ここは寂しき處、はや時も晩し。人々を去らしめ、周圍の里また村に往きて、己がために食物を買はせ給へ』、答へて言ひ給ふ『なんぢら食物を與へよ』弟子たち言ふ『われら往きて二百デナリのパンを買ひ、これに與へて食はすべきか』、イエス言ひ給ふ『パン幾つあるか、往きて見よ』彼ら見ていふ『五つ、また魚二つあり』、イエス凡ての人の組々となりて、青草の上に坐することを命じ給へば、或は百人、あるひは五十人、畝のごとく列びて坐す。斯てイエス五つのパンと二つの魚を取り、天を仰ぎて祝しパンをさき、弟子たちに付して人々の前に置かしめ、二つの魚をも人毎に分け給ふ。凡ての人、食ひて飽きたれば、パンの餘、魚の殘を集めしに、十二の筐に滿ちたり。パンを食(くら)ひたる男(をとこ)は五千人(ごせんにん)なりき」（第六章三〇～四四節）。

各地区に宣教のため派遣されていた弟子達が、イエスのもとに帰って来て、自分達がしたことや、教えたことを残らず報告しました。イエスは彼等に言われました。「さあ、あなた達は人目を避けて、寂しい所へ行き、暫くの間休みなさい」。それは、人々の出入が多いので、食事する暇さえなかったからであります。そこで弟子達は人々を避け、イエスと共に舟に乗って寂しい所へ行きました。

しかし、彼等が出かけているのを見て、多くの人々がそれと気付き、あちらこちらの町々からイエス達の行き先を目差して、陸上を徒歩にて駆け走り、彼らより先に着きました。

イエスが舟から上がられると、大勢の群衆が居るのをご覧になり、飼う者がいない羊のような彼等の有様を大変あわれんで、多くのことをそこで教え始められました。

そのうち、時刻もおそくなったので、弟子たちがイエスのもとにやって來て言いました。「こゝは寂しい所で、もう時刻もおそくなりました。集った人達を解散させ、私達は付近の部落や村々へ行って、各自の食物を何か買うようにさせて下さい」。

イエスは答えて言われました。「あなた達は、集っている人々に何か食物を与えなさい」。弟子達は当惑して言いました。「私達が出かけて行き、二百デナリ（※一デナリはローマ帝国の銀貨で、この地方にも通用しており、当時の労働者の一日分の賃金であった）ものパンを買って来て、あの人達に食べさせるのですか」。するとイエスは彼らに言われました。「パンは幾つありますか。行って見て来なさい」と。

弟子たちは、確かめに行って来て言いました。「パンは五つです。それに魚が二ひきあります」。そこで、イエスは、群衆をそれぞれ組分けして、青草の上に座らせるように、弟子達に命じられました。それで人々は、あるいは百人ずつ、あるいは五十人ずつ、畝のように列を作って座りました。

それから、イエスは五つのパンと二ひきの魚を手に取って、天を仰ぎ見て祝福を求め、パンを裂いて弟子達に与え、人々に配らせました。又、二ひきの魚も凡ての人達に分け与えられました。

居合せた凡ての人々は皆、これらを食べて満服しました。それで、残ったパンや、魚の残りを掻き集めると、十二の籠一杯になりました。パンを食べた男の人は、五千人でした。

ガリラヤ湖上の徒渉と、ゲネサレでの癒し

「イエス直ちに、弟子たちを強ひて舟に乗らせ、自ら群衆を返す間に、彼方なるベツサイダに先に往かしむ。群衆に別れてのち、祈らんとて山にゆき給ふ。夕になりて、舟は海の眞中にあり、イエスはひとり陸に在す。風逆ふに因りて、弟子たちの漕ぎ煩ふを見て、夜明の四時ごろ、海の上を歩み、その許に到りて、往き過ぎんとし給ふ。弟子たち其の海の上を歩み給ふを見、變化の者ならんと思ひて叫ぶ。皆これを見て心騒ぎたるに因る。イエス直ちに彼らに語りて言ひ給ふ『心安かれ、我なり、懼るな』、斯て弟子たちの許にゆき、舟に登り給へば、風やみたり、弟子たち心の中にて甚く驚く、彼らは先のパンの事をさとらず、反って其の心鈍くなりしなり。

遂に渡りてゲネサレの地に著き、舟がかりす。舟より上りしに、人々ただちにイエスを認めて、遍くあたりを馳せまはり、その在すと聞く處々に、患ふ者を床のままつれ來る。その到りたまふ處には、村にても、町にても、里にても、病める者を市場におきて、御衣の總にだに觸らしめ給はんことを願ふ。觸りし者は、みな醫されたり」（第六章四五～五六節）。

それからすぐ、イエスは弟子達を強いて舟に乗り込ませて、向こう岸のベツサイダへ先に行

くよう命じられました。その間に、イエスは集った群衆を解散させるという計画でした。そして、群衆と別れて後、父なる神に祈りを捧げるため、山に向かわれました。

夕方になると、舟はガラリヤ湖の真中に出ており、イエスはまだ陸におられました。湖上では向い風が吹き出して、弟子達が漕ぎあぐねているのをご覧になったイエスは、夜明けの四時頃、湖の上を歩いて彼等に近づき、そのままそばを通り過ぎようとされました。しかし、弟子達はイエスが湖上を歩いておられるのを見て、幽霊だと思い、大声で叫びました。それを見た弟子たちが皆、怖じ気付いたからであります。

そこでイエスは直ちに、彼等に話しかけ、「しっかりしなさい。私である。何も恐れることはない」と言われました。そして弟子達の舟に乗り込まれると、風はぴたりとやみました。彼らは心の中で大変驚きました。

それと言うのも、彼等がパンの出来事から何ら悟ることが無く、却ってその心が鈍くなっていたからであります。

イエス一行は湖を渡り、ゲネサレの地に到着して、舟を繋ぎ止めました。彼らが舟からあがると、人々は直ちにイエスだと気が付き、その地方をくまなく走り回り、イエスが居られると聞くと、どんな場所であっても、病人を床に載せたまゝ運んで来ました。

そして、イエスがはいって行かれると、そこが村であっても、町であっても、部落であっても、病人達をその広場に連れて行き、せめて御衣の端にでも触らせて下さるよう乞い願いました。御衣に触った者達は皆、癒されました。

人間の言い伝えと真実の教えとの違い

「パリサイ人と或る學者らとエルサレムより來りてイエスの許に集る。而して、その弟子たちの中に、潔からぬ手、即ち洗はぬ手にて食事する者のあるを見たり。パリサイ人および凡てのユダヤ人は、古へ人の言傳を固く執りて、懇ろに手を洗はねば食はず。また市場より歸りては、まづ禊がざれば食はず。このほか酒杯・鉢・銅の器を濯ぐなど多くの傳を承けて固く執りたり。パリサイ人および學者らイエスに問ふ『なにゆゑ汝の弟子たちは、古への人の言傳に遵ひて歩まず、潔からぬ手にて食事するか』、イエス言ひたまふ『イザヤは汝ら偽善者につきて能く預言せり「この民は口唇にて我を敬ふ。然れど、その心は我に遠ざかる。ただ徒らに我を拜む、人の訓誡を教として教へて」と録したり。汝らは神の誡命を離れて人の言傳を固く執る』、また言ひたまふ『汝等はおのれの言傳を守らんとて、能くも神の誡命を棄つ。即ちモーセは「なんぢの父、なんぢの母を敬へ」といひ「父また母を罵る者は、必ず殺さるべし」といへり。然るに汝は「人もし父また母にむかひ我が汝に對して負ふ所のものは、コルバン即ち供物なりと言はば可し」と言ひて、そののち人をして、父また母に事ふること勿らしむ。かく汝らの傳へたる言傳によりて、神の言を空しうし、又おほく此の類の事をなしをるなり』、更に群衆を呼び寄せて言ひ給ふ『なんじ皆われに聽きて悟れ。外より人に入りて、人を汚し得るものなし、然れど人より出づるものは、これ人を汚すなり』、イエス群衆を離れて家に入り給ひしに、弟子たち其の譬を問ふ。彼らに言ひ給ふ『なんぢらも然か悟なきか、外より人に入る物の、人を汚しえぬを悟らぬか、これ心に入らず、腹に入りて厠におつるなり』、かく凡ての食物を潔しとし給へり。また言ひたまふ『人より出づるものは、これ人を汚すなり。それ内より、人の心より、惡しき念いづ、即ち、淫行・竊盜・殺人・姦淫・慳貪・邪曲・詭計・好色・嫉妬・誹謗・傲慢・愚痴。すべて此等の惡しき事は内より出でて人を汚すなり』（第七章一～二三節）。

パリサイ人たちと律法学者達が、はるばるエルサレムからやって来て、イエスのもとに集まりました。弟子達のうちに、汚れた手のまゝで、即ち手を綺麗に洗わないで、パンを食べている者がいるのを見ました。

パリサイ人（※ユダヤ教の熱心な信者で、戒律を重んじる人）をはじめとしてユダヤ人は皆、昔からの言い伝えを固く守っていて、手を良く洗わないと食事をせず、外出先から帰って来ると、体を清めなければ食事をしませんでした。そのほか、杯、鉢、銅器を良く洗うこと等、昔からの言い伝えを固く守るよう言われて来ました。

そこで、パリサイ人や律法学者達は、イエスに尋ねました。「どうしてあなたの弟子たちは、昔からの言い伝えを守らず、汚れた手でパンを食べるのですか」。

イエスは答えて言われました。「イザヤはあなたがた偽善者について、適切な予言をしているではありませんんか。イザヤ書の中に、

『この民は、口先では私を敬っているが、心の底は、私から遠く離れている。

たゞ無意味に私を拝んでいるだけだ。

人間が作った戒めを、教えとして教えるだけだ』。

と書かれている。あなたがたは、父なる神の戒めから離れて、人間が作った戒めを固く守っているのだ」。

又、続けて言われました。「あなたたちは人間の言い伝えを守ろうとして、よくもまあ、神の戒めを棄てたものです。モーセは神から授けられた十戒の中で『あなたの父母を敬え』と言っ

ているではありませんか。又、『父や母を罵る者は、死刑に処せられるであろう』とも言っております。

しかし、あなたがたは『父や母に向って、私があなたの爲にしてあげられることは、コルバン（※ヘブライ語で「献げ物」の意味だそうで、両親の扶養のためのものを神への供え物として献じれば、両親に対する扶養義務を免れること）即ち「神への供え物」と言いさえすれば、それで良い』と言い、あなたがたは、自分達が受け継いだ言い伝えにより、父母のために何もしなくて良いとしている。このように、神殿への献げ物を優先させて、神の御言葉を無にしています。これと同じようなことを、あなたがたは、しばしば行っているのです」。

それから、イエスは再び群衆を呼び寄せられて言いました。「あなた達は皆、私の言うことを良く聞いて悟りなさい。外から人の中に入って来て、人を汚すことができるものはありません。しかし、人から出て来るものが、人を汚すのです」。

その後、イエスは群衆を離れて家の中に入られました。すると、弟子達はその譬えについて質問しました。イエスは彼らに言われました「あなた方でも、そんなことがわからないのですか。外から人の中に入って来る食物は、人を汚すことがないという事を、理解できないのですか。そのようなものは人の心の中に入らず、腹の中に入って、やがて残滓が体外に排出されます」。

このように、イエスは凡ての食物を清い物とされました。そして続けて言われました。「人から出るものが、人を汚すのです。即ち、内側より、人の心の中より悪い思い出が出て来るのです。それは、不品行、盗み、殺人、姦淫、貪欲、よこしま、欺き、好色、妬み、そしり、高ぶり、愚痴であり、これらの悪事はみな、人の内部から出て来て、人を汚すのです」。

ツロ地方での悪霊払いとガリラヤ湖畔での聾唖者の癒し

「イエス起ちて此處を去り、ツロの地方に往き、家に入りて人に知られじと爲給ひたれど、隱るること能はざりき。爰に穢れし靈に憑かれたる稚なき娘をもてる女、直ちにイエスの事をきき、來りて御足の許に平伏す。この女はギリシヤ人にて、スロ・フェニキアの生なり。その娘より惡鬼を逐ひ出し給はんことを請ふ。イエス言ひ給ふ『まず子供に飽かしむべし、子供のパンをとりて小狗に投げ與ふるは善からず』、女こたへて言ふ『然り主よ、食卓の下の小狗も子供の食屑を食ふなり』、イエス言ひ給ふ『なんぢ此の言によりて〔安んじ〕往け、惡鬼は既に娘より出でたり』、女、家に歸りて見るに、子は寢臺の上に臥し、惡鬼は既に出でたり。

イエス又ツロの地方を去りて、シドンを過ぎ、デカポリスの地方を經て、ガリラヤの海に來り給ふ。人々、耳聾にして物言ふこと難き者を連れ來りて、之に手をおき給はんことを願ふ。イエス群衆の中より、彼をひとり連れ出し、その兩耳に指をさし入れ、また唾して其の舌に觸り、天を仰ぎて嘆じ、その人に對ひて『エバタ』と言ひ給ふ。ひらけよとの意なり。斯てその耳ひらけ、舌の縺ただちに解け、正しく物いへり。イエス誰にも告ぐなと人々を戒めたまふ。然れど戒むるほど反って愈々言ひ弘めたり。また甚だしく打驚きて言ふ『かれの爲しし事は皆よし、聾者をも聞えしめ、唖者をも物いはしむ』」（第七章二四～三七節）。

イエスはこの地を去って、ツロ地方に行かれました。そして、唯にも知られないようにと、家の中に入られましたが、こっそり隠れていることはできませんでした。

そこへ汚れた霊に取り付かれた幼い娘がいる女が、すぐにイエスのことを聞きつけやって来て、その足もとにひれ伏しました。この女の人は、ギリシャ人で、スロ・フェニキアの生れでした。そして彼女の娘から惡霊を追い払って下さるよう懇願したのです。

イエスは彼女に言われました。「先ずその子供に十分な食事を与えなさい。子供のパンを取って小犬に投げてやるのは、良くないことです」。女は答えて言いました「主よ、誠にそのお言葉通りです。しかし、食卓の下に居る小犬でも、子供のパン屑を拾って食べているのです」。

そこでイエスは言われました「その言葉で十分である。安心して家に帰りなさい。悪霊は既に、あなたの娘から去って行きました」。

女が家に帰って見ると、その子は床の上に寝ており、イエスが言われた通り、悪霊は既にその子から出てしまっていました。

その後、ツロ地方を後にして、シドンを通り過ぎ、デカポリス地方を経て、ガリラヤ湖のほとりにやって来ました。

すると人々が、つんぼで唖の人をイエスのみもとに連れて来て、彼の上に御手を置いて下さるようにお願いしました。それで、イエスは彼一人を群衆の中から連れ出して、その両耳に指を差し込み、唾してその人の舌を潤し、天を仰ぎ見て溜め息をしてから、その人に向って「エバタ」と言われました。これは「開け」と言う意味であります。

するとどうでしょう。彼の両耳は開き、舌のもつれもすぐに解け、はっきりと物言うことが出来るようになりました。イエスはこの事を唯にも話してはならないと、居合せた人々に命じられましたが、口止めされればされるほど、彼らはますます言い広めました。

又、人々はひとかたならず驚いて言いました。「この方のなされたことは、何もかもすばらしい。つんぼの人を聞こえるようにしてやり、唖の人を話せるようにしておやりになった」。

空腹の四千人の人達への食物提供と「しるし」を求める現代人並にパンの種のなし

「その頃また大なる群衆にて食ふべきものなかりしかば、イエス弟子たちを召して言ひ給ふ、『われ此の群衆を憫む、既に三日われと偕にをりて食ふべき物なし。飢ゑしままにて、其の家に帰らしめば、途にて疲れ果てん。其の中には遠くより來れる者あり』、弟子たち答へて言ふ『この寂しき地にては、何處よりパンを得て、この人々を飽かしむべき』、イエス問ひ給ふ『パンは幾個あるか』答へて『七つ』といふ。イエス群衆に命じて地に坐せしめ、七つのパンを取り、謝して之を裂き、弟子たちに與へて群衆の前におかしむ。弟子たち乃ちその前におく。また小き魚すこしばかりあり、祝して之をも、その前におけと言ひ給ふ。人々、食ひて飽き、擘きたる餘を拾ひしに、七つの籃に滿ちたり。その人およそ四千人なりき。イエス彼らを帰し、直ちに弟子たちと共に舟に乗りて、ダルマヌタの地方に往き給へり。

パリサイ人いで來りて、イエスと論じはじめ、之を試みて天よりの徴をもとむ。イエス心に深く歎じて言ひ給ふ『なにゆゑ今の代は徴を求むるか、誠に汝らに告ぐ、徴は今の代に斷えて與へられじ』、斯て彼らを離れ、また舟に乗りて彼方に往き給ふ。

弟子たちパン携ふることを忘れ、舟に唯一つの他パンなかりき。イエス彼らを戒めて言ひたまふ『愼みてパリサイ人のパンだねと、ヘロデのパンだねとに心せよ』弟子たち互いに、これはパン無き故ならんと語り合ふ。イエス知りて言ひたまふ『何ぞパン無き故ならんと語り合ふか、未だ知らぬか、悟らぬか、汝らの心なほ鈍きか。目ありて見ぬか、耳ありて聴かぬか。又なんじら思ひ出ぬか、五つのパン擘きて五千人に與へし時、その餘を幾籃ひろひしか』弟子たち言ふ『十二』『七つのパンを擘きて四千人に與へし時、その餘を幾籃ひろひしか』弟子たち言ふ『七つ』イエス言ひたまふ『未だ悟らぬか』（第八章一～二一節）。

その頃、また大勢の群衆が集まって来ていましたが、食べる物が無かったので、イエスは弟子たちを呼び寄せて言われました。「集って来ている人々は誠にかわいそうだ。もう三日間も私と共に居るのに、食べる物を持っておりません。空腹のまゝ彼らの家に帰らせたなら、途中で動けなくなるでしょう。中には、かなり遠方から来ている人達もいます」。

弟子達は答えました「このような辺鄙な所では、どこからパンを手に入れ、この人々に十分食べさせることができるでしょうか」。

イエスは弟子達に「パンはいくつあるか」と尋ねられると、弟子達は「七つあります」と答えました。そこで、イエスは群衆に向って、地面に座るようにと言われたので、彼らは皆、地面に座りました。

そして、七つのパンを手に取り、父なる神に感謝の祈りを捧げてからそれを裂き、人々に配るようにと弟子達に渡されたので、弟子達はそれらを群衆に配りました。又、小さい魚も少しばかりありましたので、これについても感謝の祈りを捧げてからこれを分け、これらを人々の前に置くよう弟子達に言われました。

人々はこれらを食べて満腹しました。そして残りのパン切れ等を集めると、七つのかごに一杯になりました。食した人々の数は、およそ四千人でありました。イエスは群衆を解散させてから、すぐに弟子達と共に舟に乗り込んで、ダルマヌタの地方に行かれました。

そこでは、パリサイ人がやって来て、イエスを試みようと議論をしかけ、天からのしるしを求めてきました。イエスは心の中で深く嘆息し乍ら言われました「どうして、今の時代はしるしを求めるのですか。あなた方に良く言っておくが、しるしは今の時代には決して与えられることはない」。そして、イエスは彼らから離れ、また舟に乗り込んで対岸へと向かわれました。

弟子達はパンを持って来るのを忘れたので、舟の中には一つのパンしかありませんでした。丁度その時、イエスは彼らを戒めて言われました「パリサイ人のパン種と、ヘロデ王のパン種とには、良く注意しなさい」。弟子たちはこれを聞いて、自分達がパンを持って来るのを忘れたことを指摘されたと勘違いして、互に論じ合いました。

イエスはこれを聞いて、言われました「どうして、パンが無いからだと論じ合っているのか。まだわからないのか、何故悟らないのか、あなた達の心が尚も鈍いのか。目があり乍ら見えないのか。耳があり乍ら聞こえないのか。良く思い出して下さい。私が五つのパンを裂いて五千人の人達に分け与えた時、残ったパン切れを拾い集めると、幾つのかごが一杯になったか」。弟子達は答えて言いました「十二かごです」。

続いてイエスは言われました「七つのパンを裂いて、四千人の人々に分け与えた時、残りのパン切れを拾い集めると何かごが一杯になったか」。「七かごです」と弟子達は答えました。そこで、イエスは「まだ悟らぬか」と言われました。

(イエスが言われているのは、パンの量が多い少いを言っているのではありません。七つのパンで四千人程の人達を満腹させて尚、余りあった程だからで、この際は、一本もあれば充分です。それよりパンの質が問題です。パン種の種類が異なれば、パンの質に大きな影響を与えます。こゝではパン種に譬えて、パリサイ人達やヘロデ王を警戒するようにと弟子達に注意を喚起していたのです)。

ベツサイダでの盲人の癒しと、イエスご自身の苦難と死とよみがえりの予告

「彼ら遂にベツサイダに到る。人々、盲人をイエスに連れ來りて、觸り給はんことを願ふ。イエス盲人の手をとりて、村の外に連れ往き、その目に唾し、御手をあてて『なにか見ゆるか』と問ひ給へば、見上げて言ふ『人を見る、それは樹の如き物の歩くが見ゆ』、また御手をその目にあて給へば、視凝めたるに、癒えて凡てのもの明かに見えたり。斯て『村にも入るな』と言ひて、その家に歸し給へり。

イエス其の弟子たちとピリポ・カイザリヤの村々に出でゆき、途にて弟子たちに問ひて言ひたまふ『人々は我を誰と言ふか』、答へて言ふ『バプテスマのヨハネ、或人はエリヤ、或人は預言者の一人』、また問ひ給ふ『なんぢは我を誰と言ふか』、ペテロ答へて言ふ『なんぢはキリストなり』、イエス己がことを誰にも告ぐなと彼らを戒め給ふ。斯て人の子の必ず多くの苦難をうけ、長老・祭司長・學者らに棄てられ、かつ殺され、三日の後に甦へるべき事を教へはじめ、此の事をあらはに語り給ふ。爰にペテロ、イエスを傍にひきて戒め出でたれば、イエス振反りて弟子たちを見、ペテロを戒めて言ひ給ふ『サタンよ、わが後に退け、汝は神のこと

を思はず、反って人のことを思ふ』、斯て群衆を弟子たちと共に呼び寄せて言ひたまふ『人もし我に從ひ來らんと思はば、己をすて、己が十字架を負ひて我に從へ。己が生命を救はんと思ふ者は、これを失ひ、我が爲また福音の爲に己が生命をうしなふ者は、之を救はん。人、全世界を贏くとも、己が生命を損せば、何の益あらん、人その生命の代に何を與へんや。不義なる、罪深き今の代にて、我または我が言を恥づる者をば、人の子も、また、父の榮光をもて、聖なる御使たちと共に來らん時に恥づべし』（第八章二二～三八節）。

イエス一行はベツサイダに到着しました。そこでは、人々が一人の盲人を連れてきて、イエスにさわって下さるようにとお願いしました。イエスはその盲人の手を取って、村の外へ連れ出しました。

それからその両眼に唾をつけ、御手を盲人の上に当て「何か見えるか」と尋ねられました。すると彼は顔を上げて「人が見えます。立木が歩いているように見えます」と言いました。

それから、イエスはまた、彼の両眼の上に御手をあてられると、彼の目は見つめているうちに直ってきて、やがて凡てのものがはっきりと見えるようになりました。そこでイエスは「村には入らないように」と言い渡し、彼を家に帰されました。その後、イエスは弟子達とピリポ・カイザリヤ地方の村々へ出かけられ、その途中で、弟子たちに尋ねられました「人々は、私のことを、だれだと言っているか」。弟子達は答えて言いました「バプテスマのヨハネだと言っています。又、エリヤだと言っている人もおり、予言者の一人だと言う人もおります」。そこでイエスは、再び彼らに尋ねて言われました。「それでは、あなた達は、私を唯だと言いますか」。弟子の代表格のペテロが答えて言いました「あなたこそキリスト（ヘブライ語のマシアッハ《メシア》をギリシャ語に直訳したのがクリストス《キリスト》であります。本来の意味は「油そそがれた者」で、特別な任務に就かせる時に「油注ぎ」の儀式が行われたことに由来します。こゝでは父なる神より人類救済の目的で送り込まれた者「救世主」を意味します）です」。イエスは自分のことを、決して他人に話してはならないと弟子達を戒められました。

それからと言うもの、人の子（イエス）は必ず多くの苦しみを受け、長老、祭司長、律法学者達に捨てられ、かつ殺され、三日の後によみがえるであろうことをおおっぴらに、弟子達に語り始めました。

これを見たペテロは、イエスをそっとわきへお連れして、そんなことを言ってはなりませんといさめ始めました。そこでイエスは振返って弟子達を見ながら、ペテロを戒めて言いました「サタンよ、下がれ。自分の後に退きなさい。あなたは父なる神のことを思わず、人のことばかりを思っている」。

（師であるイエスが殺されるなんてことはあり得ないことだと、ペテロは考えたのでしょう。多くの病人達を癒してこられたイエスが、ご自分を救われることは造作無いと思ったのでしょう。又、先生がいなくなったらどうしようとも思ったのかも知れません。

しかし、イエスは全く違っていました。父なる神により、人類救済という大事業を成し遂げる爲、肉の姿にてこの世に送り込まれて来ているのです。人類の凡ての罪をその清き身に背負って十字架にかゝると言う代価を払わなくてはなりません。父なる神のご命令とは言え、肉の姿でいる以上は、殺されたくはないのです。そこで十字架にかゝるという決心を鈍らせるようなことを言ったペテロをサタン呼ばわりして戒めたのです）。

それから、イエスは群衆を弟子達と一緒に呼び寄せられて、言われました。

「もし、私について来たいと思う者なら、唯であろうと、自分を捨て、自分の十字架を背負って、私に従いなさい。自分の命を救おうと思う者はそれを失い、私の爲に、又、福音の爲に、自分の命を失う者は、これを救うであろう。

人、もし全世界を手に入れても、自分の命を失ってしまったら、何の益があろうか。人がその命を買い戻す爲に、どんな代償を払えば良いと言うのでしょう。

このような不正で罪深いこの時代において、私と私の言葉を恥じるような者達に対しては、人の子（イエス）が父なる神の栄光を帯びて、聖なる御使い達と共に来る時、その者達を恥じます」。

（こゝでは、イエスに仕え従う誠の弟子となる爲の条件を語っています。誠の弟子となるには、イエスのため、福音のために命（肉的）を捨てる覚悟が必要だと述べています。そのため、例え命（肉的）を失っても、永遠の命（霊的）を与えようと言っておられるのであります）。

「また言ひ給ふ『まことに汝らに告ぐ、此處に立つ者のうちに、神の國の、權能をもて來るを見るまでは、死を味ははぬ者どもあり』（第九章一節）。

続いて言われました「誠にあなた方に言っておきます。こゝに立っている皆様方のうちに、神の国が大きな力をもって到来するのを見る迄は、決して霊的に死なない人達がいるということを」。

イエス栄光の姿となる

「六日の後、イエスただペテロ、ヤコブ、ヨハネのみを率きつれ、人を避けて高き山に登りたまふ。斯て彼らの前にて其の状かはり、其の衣かがやきて甚だ白くなりぬ、世の晒布者も爲し得ぬほど白し。エリヤ、モーセともに彼らに現れて、イエスと語りゐたり。ペテロ差出でてイエスに言ふ『ラビ、我らの此處に居るは善し。われら三つの廬を造り、一つは汝のため、一つをモーセのため、一つをエリヤのためにせん』、彼等いたく懼れたれば、ペテロ何と言ふべきかを知らざりしなり。斯て雲おこり、彼らを覆ふ。雲より聲出づ『これは我が愛しむ子なり、汝ら之に聽け』、弟子たち急ぎ見回すに、イエスと己らとの他には、はや誰も見えざりき。山をくだる時、イエス彼らに、人の子の、死人の中より甦へるまでは、見しことを誰にも語るなと戒め給ふ。彼ら此の言を心にとめ『死人の中より甦へる』とは、如何なる事ぞと互に論じ合ふ。斯てイエスにと問ひて言ふ『學者たちは、何故エリヤまづ來るべしと言ふか』、イエス言ひ給ふ『實にエリヤ先づ來りて、萬の事をあらたむ。然らば人の子につき、多くの苦難を受け、かつ蔑せらるる事の録されたるは何ぞや。されど我なんぢらに告ぐ、エリヤ既に來れり、然るに彼に就きて録されたる如く、人々心のまゝに之を待へり』（第九章二〜一三節）。

それから六日たって後、イエスはペテロ、ヤコブ、ヨハネの三人だけを連れて、人目を避けるように、高い山に登って行かれました。すると、彼等の目の前でそのお姿が、突然に変り、その御衣は真白に光り輝いて、どんなさらし職人でも、そんなに白く出来ないほどでした。そこへエリヤとモーセが彼らの前に現れて、イエスと語り合い始めていました。

これを見たペテロは、口をはさんでイエスに言いました「ラビ（※ヘブライ語で秀れた先生を呼ぶ時の尊称で、ラブ《大いなる》という形容詞から由来しています）、私達がこの場所に居合せていることは、大変に光栄なことです。私たちが三つの小屋を造りましょう。一つは先生のために、一つはモーセ様のために、一つはエリヤ様のために」。

ペテロがこのように言ったのは、弟子達が皆あまりにも驚き恐れたので、何を言って良いかわからなかったからであります。

その時、俄に雲がわき起って来て、彼らをおおいました。その雲の中から、声が聞こえてきました「これは我が愛する子である。あなた達は彼の言うことを良く聞くが良い」。

弟子達はすぐに回りを見まわしましたが、イエスと自分達のほかは、唯もいませんでした。

彼らが山から降りて来る時、イエスは弟子達に「人の子が死人の中より甦えるまで、先程見たことは、決して他人に話してはならない」と厳しく戒めて言われました。弟子達はこの言葉を堅く心に留め、「死人の中より甦える」とはどういうことなのかを、互に論じ合いました。

それから彼等はイエスに尋ねて言いました「律法学者たちは、エリヤが先に来るはずだと言っておりますが、それは何故ですか」。イエスは答えて言われました「確かにエリヤが先に来て、万事を立て直し道備えをします。しかし人の子につき、彼が多くの苦しみを受け、その上さげすまれると書かれてあるのは、何故でしょう。私はあなた方に言っておきます。エリヤは既に来たのです。しかし彼について書かれてある通り、人々は彼に対して、好き勝手なことをしたのです」。

おしとつんぼの悪霊の追い出しと、死と甦りの二度目の予告

「相共に弟子たちの許に來りて、大なる群衆の之を環り、學者たちの之と論じゐたる見給ふ。群衆みなイエスを見るや否や、いたく驚き、御許に走り往きて禮をなせり。イエス問ひ給ふ『なんぢら何を彼らと論ずるか』、群衆のうちの一人こたふ『師よ、唖の靈に憑かれたる我が子を御許に連れ來れり。靈いづこにても彼に憑けば、痙攣け泡をふき、齒をくいしばり、而して痩せ衰ふ。御弟子たちに之を逐ひ出すことを請ひたれど能はざりき』、爰に彼らに言ひ給ふ『ああ信なき代なるかな、我いつまで汝らと偕にをらん、何時まで汝らを忍ばん。その子を我が許に連れきたれ』、乃ち連れきたる。彼イエスを見しとき、靈ただちに之を痙攣けたれば、地に倒れ、泡をふきて轉び廻る。イエスその父に問ひ給ふ『いつの頃より斯くなりしか』、父い

う『をさなき時よりなり。靈しばしば彼を火のなか水の中に投げ入れて亡さんとせり。然れど汝なにか爲し得ば、我らを憫れみて助け給へ』、イエス言ひたまふ『爲し得ばと言ふか、信ずる者には、凡ての事なし得らるるなり』、その子の父ただちに叫びて言ふ『われ信ず、信仰なき我を助け給へ』、イエス群衆の走り集るを見て、穢れし靈を禁めて言ひたまふ『唖にて耳聾なる靈よ、我なんぢに命ず、この子より出でよ、重ねて入るな』、靈さけびて甚だしく痙攣けさせて出でしに、その子、死人の如くなりたれば、多くの者これを死にたりと言ふ。イエスその手を執りて起し給へば立てり。イエス家に入り給ひしとき、弟子たち窃に問ふ『我等いかなれば逐ひ出し得ざりしか』、答へ給ふ『この類は祈に由らざれば、如何にすとも出でざるなり』

此處を去りて、ガリラヤを過ぐ。イエス人の此の事を知るを欲し給はず。これは弟子たちに教をなし、かつ『人の子は人々の手にわたされ、人々これを殺し、殺されて、三日ののち甦へるべし』と言い給ふが故なり。弟子たちは、その言を悟らず、また問ふ事を恐れたり」（第九章一四〜三二節）。

イエス一行が山より降りて、残されている弟子達のところへ来て見ると、彼等の回りを大勢の群衆が取り囲み、律法学者たちと弟子たちが議論しておりました。群衆はみな、イエスが帰って来たのを見つけて、大変驚き、走り寄って来て、挨拶をしました。

イエスが彼等に尋ねました「あなたがたは、私の弟子達と何を論じ合っているのですか」。群衆の中の一人が答えました。「先生、唖の悪霊に取りつかれている私の息子を、こちらに連れて来ました。悪霊が彼に取りつきますと、あたりかまわずけいれんを起し、口から泡を出し、歯ぎしりし、体をこわばらしてしまいます。そこでお弟子さん達に、悪霊を追い出して下さるようお願いしたのですが、それもかないませんでした」。

イエスは彼らに言われました「あゝ何という不信仰な世だ。私はいつまであなた達と、一緒にいなければならないのか。何時まであなた方のために我慢しなければならないのか。その子を私のところへ連れて来なさい」。そこで、人々はその子をイエスのみもとに、連れて来ました。その子がイエスを見るや否や、悪霊はすぐに彼をひきつけさせたので、彼は地に倒れ、口から泡を吹き乍らころげ回りました。

イエスはその子の父親に尋ねられました「この子はいつ頃から、このようになったのか」。父親は答えました「幼い頃からです。悪霊はこの子を、何度も火の中、水の中に投げ入れて殺そうとしました。しかし、おできになるのでしたら、私達を哀れに思ってお助け下さい」。

イエスは言われました「もしできるのなら、と言うのか、信じる者には、凡てのことが成就するのです」。その子の父親は、すぐに叫んで言いました「私は信じます。不信仰な私を、どうぞお助け下さい」。

イエスは群衆が駆けつけて来ているのをご覧になって、汚れた霊を叱りつけて言われました。「おしとつんぼの霊よ。私はおまえに命じる。この子より出て行け。二度と入って来るな」。すると悪霊は叫び声をあげ、その子を激しくけいれんさせて出て行きました。

それで、その子は死人のようになったので、そこに居た多くの人たちは、「その子は死んだ」と言いました。しかし、イエスはその子の手を取って引き起こされると、今迄何も無かったかのように立ちました。

イエスが家に入られた時、弟子たちがひそかにイエスに質問しました「私達はどうして、悪霊を追い出すことが出来なかったのですか、お教え下さい」。イエスは答えて言われました「この種のものは、父なる神への祈りによるのでなければ、どのようにしても追い出せるものではない」。

それから、イエス一行はこの地を去り、ガラリヤを通り過ぎて行きました。イエスは人に気づかれたくないと思っていました。それは、イエスが弟子達に教えて「人の子は人々の手に引き渡されて、彼らによって殺され、殺されてより三日の後に甦えるであろう」と言われていたからであります。しかし、弟子たちはその言葉の意味を理解できず、又、イエスに尋ねるのも恐れていました。

一番偉いのは唯か
反対しない者は味方だ、信仰を妨げる者の罪

「斯てカペナウムに到る。イエス家に入りて、弟子たちに問ひ給ふ『なんぢら途すがら何を論ぜしか』、弟子たち黙然たり、これは途すがら、唯か大ならんと、互に争ひたるに因る。イエス坐して、十二弟子を呼び、之に言ひたまふ『人もし頭たらんと思はば、凡ての人の後となり、凡ての人の役者となるべし』、斯てイエス幼児をとりて、彼らの中におき、これを抱きて言ひ給ふ。『おほよそ我が名のために斯る幼児の一人を受くる者は、我を受くるなり。我を受くる者は、我を受くるにあらず、我を遣しし者を受くるなり』

ヨハネ言ふ『師よ、我らに従はぬ者の、御名によりて悪鬼を逐ひ出すを見しが、我らに従はぬ故に、之を止めたり』、イエス言ひたまふ『止むな、我が名のために能力ある業をおこなひ、俄に我を譏り得る者なし。我らに逆はぬ者は、我らに附く者なり。キリストの者たるによりて、汝らに一杯の水を飲ます者は、我まことに汝らに告ぐ、必ずその報を失はざるべし。

また我を信ずる此の小さき者の一人を躓かする者は、寧ろ大なる碾臼を頸に懸けられて、海に投げ入れられんかた勝れり。もし汝の手なんぢを躓かせば、之を切り去れ、不具にて生命に入るは、兩手ありて、ゲヘナの消えぬ火に往くより勝るなり。もし汝の足なんぢを躓かせば、之を切り去れ、蹇跛にて生命に入るは、兩足ありてゲヘナに投げ入れらるるより勝るなり。もし汝の眼なんぢを躓かせば、之を抜き出だせ、片眼にて神の國に入るは、兩眼ありてゲヘナに投げ入れらるるより勝るなり。「彼處にては、その蛆つきず、火も消えぬなり」それ人は、みな火をもて鹽つけらるるべし。鹽は善きものなり、然れど鹽もし其の鹽氣を失はば、何をもて之に味つけん。汝ら心の中に鹽を保ち、かつ互に和ぐべし』（第九章三三～五〇節）。

このようにして、カペナウムに到着しました。イエスが家にはいられた後、弟子たちに尋ねられました。「あなた方は、こゝに来る旅の途中、何を論じ合っていたのか」。彼等は黙っていました。それは道中、唯が一番偉いのかと互に論じ合っていたからであります。それで、イエスはお座りになり、十二弟子を呼んで言われました。

「人はだれでも、先頭に立ちたいと思うのなら、凡ての人の一番あとになり、みんなに仕える者となりなさい」。それから、一人の幼子を連れて来て彼らの真中に横たえ、その子を抱き寄せて言われました。

「人は唯でも、私の名のゆえに、このような幼子の一人を受け入れる者は、私を受け入れることなのです。又、私を受け入れる者は、たゞ、私を受け入れるのではなく、私をこの世にお遣しになった御方を受け入れることになるのです」。

ヨハネがイエスに言いました「先生、私たちに従って来ていない者が、先生の名を唱えて悪霊を追い出しているのを見ましたが、仲間ではないので中止させました」。そこで、イエスが言われました。

「止めさせる必要はない。私の名を唱えて力あるわざを行なった者が、すぐその後で、私を悪く言う筈がありません。私達に反対しない者は、私たちの味方なのです。

キリストに従う者だということで、あなた方に水一杯でも飲ませてくれる人は、あなた方に良く言っておく、彼は決して良い報いを失うことはないであろう。

また、私を信じるこのような小さい者の一人にでも、躓きを与えるような者は、むしろ大きなひき臼を首に結びつけられて、海に投げ込まれた方がましです。

もし、あなたの片方の手があなたに罪を犯させるとしたら、その手を切り捨てなさい。両手がそろったまゝでゲヘナ（※火の地獄のこと＝アンモン人がモレクの神を崇拝し、エルサレムの南西にあるベン・ヒノムの谷に神殿を建て、幼児を火で焼いて人身犠牲にしたことに由来する）の決して消えることの無い火の中に落ち入るよりは、片手になっても命を得る方が良いのです。

もし、あなたの片足があなたに罪を犯させるとしたら、その足を切り捨てなさい。両足揃ってゲヘナに投げ入れられるよりは、片足になっても命を得る方が良い。

もし、あなたの片目があなたに罪を犯させるとしたら、その目を抉り出しなさい。両目揃ってゲヘナに込まれるよりは、片目になっても神の国に入る方が良い。『ゲヘナでは、蛆が尽きることなく、火も消えることはありません』。

凡ての人は罪を犯せばゲヘナに投げ入れられます。この火によって塩けをつけられなければならない。塩は良いものです。しかし、もし塩に塩けが無くなるとすれば、何によって味付けしたら良いのでしょうか。

あなた達は、心の中に塩けを保ちなさい。そして、お互に和合して楽しく暮しなさい」。

結婚と離婚、子供の受け入れ、資産家の憂い

「イエス此處（ここ）をたちて、ユダヤの地方（ちはう）およびヨルダンの彼方（かなた）に來（きた）り給（たま）ひしに、群衆（ぐんじゆう）またも御許（みもと）

に集ひたれば、常のごとく教へ給ふ。時にパリサイ人ら來り試みて問ふ『人その妻を出すはよきか』、答へて言ひ給ふ『モーセは汝らに何と命ぜしか』、彼ら言ふ『モーセは離縁状を書きて出すことを許せり』、イエス言ひ給ふ『なんぢらの心、無情によりて、此の誡命を錄ししなり。然れど開闢の初より「人を男と女とに造り給へり」「斯る故に人はその父母を離れて、二人のもの一體となるべし」然ればはや二人にはあらず、一體なり。この故に神の合せ給ふものは、人これを離すべからず』、家に入りて弟子たち復この事を問ふ。イエス言ひ給ふ『おほよそ其の妻を出して、他に娶る者は、その妻に對して姦淫を行ふなり。また妻もし其の夫を棄てて他に嫁がば、姦淫を行ふなり』

イエスの觸り給はんことを望みて、人々幼兒らを連れて來りしに、弟子たち禁めたれば、イエス之を見、いきどほりて言ひたまふ『幼兒らの我に來るを許せ、止むな、神の國は斯のごとき者の國なり。誠に汝らに告ぐ凡そ幼兒の如く神の國をうくる者ならずば、之に入ること能はず』、斯て幼兒を抱き、手をその上におきて祝し給へり。

イエス途に出で給ひしに、一人はしり來り跪づきて問ふ『善き師よ、永遠の生命を嗣ぐためには、我なにを爲すべきか』、イエス言ひ給ふ『なにゆゑ我を善しと言ふか。神ひとりの他に善き者なし。誡命は汝が知るところなり「殺すなかれ」「姦淫するなかれ」「盜むなかれ」「僞證を立つるなかれ」「欺き取るなかれ」「汝の父と母を敬へ」』。彼いふ『師よ、われ幼き時より皆これを守れり』、イエス彼に目をとめ、愛しみて言ひ給ふ『なんぢ尚ほ一つを缺く、往きて汝の有てる物を、ことごとく賣りて、貧しき者に施せ、さらば財寶を天に得ん。且きたりて我に従へ』、この言によりて、彼は憂を催し、悲しみつつ去りぬ、大なる資産をもてる故なり」

（第一〇章一～二二節）。

それから、イエスはこの地を出発して、遙かユダヤ地方やヨルダンの向こう側に行かれましたが、群衆がまたもや集って来たので、いつものように彼等らを教えられました。

その時、パリサイ人達がみもとにやって来て、イエスを試みようとして尋ねました「夫がその妻を離別することは許されることでしょうか」。イエスは答えて言われました「モーセはあなた方に、何と命じましたか」。彼らは言いました「離縁状を書いて、その妻を離別することを許しました」。

そこでイエスは言われました「あなた達の心が、おもいやりがなくかたくななので、このような定めを決めたのです。しかし、天地創造の初めより、神は「人を男と女に造られました」「それ故に、人はその父母を離れて、妻と結び合い、一体となるべし」とされたのです。それだから、彼らはもはや、二人ではなく一体なのです。このようなわけで、神が合せ給うたものを、人が引き離すべきではありません」。

その後、家に入られてからも、弟子達はまた、この問題について質問しました。そこでイエスは言われました「およそ唯であろうと、妻を離別して他の女をめとる者はその元妻に対し姦淫したことになります。また妻がもし、その夫と別れて他の男に嫁ぐなら、それもまた、姦淫したことになります」。

さて、イエスに触って戴こうと、人々が幼子たちを、みもとに連れて来ましたが、弟子たちは彼等を阻止しようとしました。これを見たイエスは憤って、弟子達に言われました。「幼子達が私の所へ来るに委せなさい。止めてはなりません。神の国はこのような者達の国です。誠にあなた方に言っておく。唯でも幼子（未だ善悪の判断や損得の判断をしない無垢の状態）のように、神の国を受け入れる者でなければ、そこに入ることは不可能である」。このように言われて、幼子達を招き寄せ、御手を彼らの上に置き祝福されたのであります。

その後、イエスが道に出て行かれると、ひとりの人が走り寄って来て、御前にひれ伏し、尋ねました「善き師よ、永遠の命を受けるためには、私は何をすれば良いのでしょうか」。イエスは彼に言われました「あなたは私をなぜ『善き』と言うのか。父なる神たゞお一人のほか『善き』者は居ないのだ。十戒はあなたも良くご存知の筈である。『人を殺してはならない。姦淫してはならない。盗んではならない。偽証してはならない。欺き取ってはならない。あなたの父母を敬え』」。

そこで彼は言いました「先生、そのようなことは、幼い頃より、私は皆守って来ました」。イエスはじっと彼を見つめ、慈しんで言われました「あなたに欠けるところが、一つだけあります。家に帰って、あなたの持ち物を全部売り払って、貧しい人達に分け与えなさい。そうすれば、あなたは天に宝を積むことになるでしょう。そして、私についてきなさい」。

この言葉を聞くに及んで、彼は顔を曇らせ、悲しみ乍ら立ち去りました。それは、彼がたくさんの財産を持っていたからであります。

神の国とこの世の富、イエスや福音のための報酬、イエス三度目の死の予告

「イエス見回して弟子たちに言ひたまふ『富ある者の神の國に入るは如何に難いかな』、弟子たち此の御言に驚く。イエスまた答へて言ひ給ふ『子たちよ、神の國に入るは、如何に難いかな、富める者の神の國に入るよりは、駱駝の針の孔を通るかた、反って易し』、弟子たち甚く驚き

て互に言ふ『さらば誰か救はるる事を得ん』、イエス彼らに目を注めて言ひたまふ『人には能はねど、神には然らず、夫れ神は凡ての事をなし得るなり』、ペテロ、イエスに對ひて『我らは一切をすてて汝に從ひたり』と言ひ出でたれば、イエス言ひ給ふ、『まことに汝らに告ぐ、我がため、福音のために、或は家、或は兄弟、あるひは姉妹、或は父、或は母、或は子、或は田畑をすつる者は、唯にても今、今の時に百倍を受けぬはなし。即ち家、兄弟・姉妹・母・子・田畑を迫害と共に受け、また後の世にては、永遠の生命を受けぬはなし。然れど多くの先なる者は後に、後なる者は先になるべし』

エルサレムに上る途にて、イエス先だち往き給ひしかば、弟子たち驚き、随ひ往く者ども懼れたり。イエス再び十二弟子を近づけて、己が身に起らんとする事どもを語り出で給ふ、『視よ、我らエルサレムに上る、人の子は祭司長・學者らに付さん。彼ら死に定めて異邦人に付さん。異邦人は嘲弄し、唾し、鞭ち、遂に殺さん、斯て彼は三日の後に甦へるべし』（第十章二三～三四節）。

イエスは見回して後、弟子達に言われました「財産を持っている人が神の国に入ることは、何とむずかしいことでしょう」。弟子達はこの言葉を聞いて驚き怪しみました。イエスは続けて言われました「弟子たちよ、神の国に入ることは、何とむずかしいことでしょう。富んでいる人が神の国に入るよりは、らくだが針の穴を通る方が、かえってやさしいのだ」。

弟子達は尚一層驚いて、互いに言いました「それでは、唯が救われると言うのでしょうか」。イエスは彼等をじっと見つめて言われました「それは人にはできないが、父なる神にはできるのです。どんなことであろうと、神にはできないことが無いのです」。

ペテロがイエスに向って言い始めました「私達は凡てを捨てゝ、あなたに従ってまいりました」。そこでイエスは弟子たちに言いました。

「誠に、あなた方に言っておく。唯であろうと、私のため、又、福音のために、家、兄弟、姉妹、父、母、子、或いは田畑を捨てた者は、必ず今の百倍の恵みを受けるであろう。即ち、私のため、家、兄弟、姉妹、母、子、或は田畑に、迫害を共に受けた者達で、来るべき後の世で永遠の命を受けない者はいないのです。しかし、先の者があとになったり、あとの者が先になったりすることが多いのです」。

その後、イエス一行はエルサレムに上る途中にありました。イエスが先頭に立って行かれるので、弟子達は驚き怪しみ、あとに従う者達も恐れを覚えました。

すると、イエスはまたもや、十二弟子達だけを呼び寄せ、ご自分の身に起るであろうことを語り始めました「見よ、私たちはエルサレムに上って行きます。そこで、人の子は祭司長、律法学者達の手に引き渡されるでしょう。彼等は人の子に死刑を宣告した後、異邦人に引き渡します。異邦人は彼をあざけり、つばきをかけ、むち打ち、最後には殺してしまうでしょう。しかし、人の子は三日後に、よみがえるのです」。

ヤコブとヨハネの願い、イエス盲人をいやす

「爰にゼベダイの子ヤコブ、ヨハネ御許に來りて言ふ『師よ、願くは我らが何にても求むる所を爲したまへ』、イエス言ひ給ふ『わが汝らに何を爲さんこと望むか』、彼ら言ふ『なんぢの榮光の中にて、一人をその右に、一人をその左に坐せしめ給へ』、イエス言ひ給ふ『なんぢらは求むる所を知らず、汝等わが飲む酒杯を飲み、我が受くるバプテスマを受け得るか』、彼等いふ『得るなり』、イエス言ひ給ふ『なんぢら我が飲む酒杯を飲み、また我が受くるバプテスマを受くべし。然れど我が右左に坐することは、我の與ふべきものならず、ただ備えられたる人こそ與へらるるなれ』、十人の弟子これを聞き、ヤコブとヨハネの事により憤ほり出でたれば、イエス彼らを呼びて言ひたまふ『異邦人の君と認めらるる者の、その民を宰どり、大なる者の、民の上に権を執ることは、汝らの知る所なり。然れど汝らの中にては然らず、反って大なな

らんと思ふ者は、汝らの役者となり、頭たらんと思ふ者は、凡ての者の僕となるべし。人の子の來れるも、事へらるる爲にあらず、反って事ふることをなし、又おほくの人の贖償として己が生命を與へん爲なり』

斯て彼らエリコに到る。イエスその弟子たち及び大なる群衆と共に、エリコを出でたまふ時、テマイの子バルテマイといふ盲目の乞食、路の傍に坐しをりしが、ナザレのイエスなりと聞き、叫び出して言ふ『ダビデの子イエスよ、我を憫みたまへ』、多くの人かれを禁めて黙さしめんとしたれど、増々叫びて『ダビテの子よ、我を憫みたまへ』と言ふ。イエス立ち止りて『かれを呼べ』と言ひ給へば、人々盲人を呼びて言ふ『心安かれ、起て、なんぢを呼びたまふ』、盲人うはぎを脱ぎ捨て、躍り上りて、イエスの許に來りしに、イエス答へて言ひ給ふ『わが汝に何を爲さんことを望むか』盲人いふ『わが師よ、見えんことなり』、イエス彼に『ゆけ、汝の信仰なんぢを救へり』と言ひ給へば、直ちに見ることを得、イエスに從ひて途を往けり」（第一〇章三五～五二節）。

その後、ゼベダイの子であるヤコブとヨハネが、イエスの御許にやって来て言いました「先生、私たちの願いを、どうぞ適えて下さい」。イエスは彼らに言いました「何をして欲しいと言うのか」。彼等は願って言いました「あなたが栄光の座にお坐りになる時、私達兄弟の一人を先生の右に、もう一人を左に坐らせて下さるようお願いします」。

イエスは彼らに言われました「あなた達は自分が何を求めているのか、良くわかっていない。あなた方は私が飲もうとする杯を飲み、私が受けようとするバプテスマを受けることができるのか」。彼等は「出来ます」と即座に答えました。そこでイエスは言われました「確かにあなた達は、私が飲む杯を飲み、私が受けるバプテスマを受けるであろう。しかし、私の右、左に坐らせることは、私が決めるものではありません。たゞ言えることは、そのように備えられている人達にのみに許されるのです」。

十人の弟子達がこのことを聞いて、ヤコブとヨハネのことで憤慨し始めましたので、イエスは彼等を呼び寄せて言われました「あなた方が良くご存知の通り、異邦人の支配者と認められている人達は、彼らの民を治め、また、偉い人達は、その民の上に権力をふるいます。しかし、あなた方の間では、そうではないのです。むしろ、あなた方の間で偉くなりたいと思う者は、皆の者に仕える人となり、あなた方の間で頭たらんと思うものは、凡ての人達の下僕とならなくてはなりません。

人の子がこの世に来たのも、仕えられるためではなく、多くの人達に仕えるためであり、又、多くの人々のための贖いとして、自分の命を与える爲である」。

このようにして、イエス一行はエリコの町に到着しました。その後、イエスが弟子達や大勢の群衆と共に、エリコを出発しようとされた時、テマイの子でバルテマイという盲人のこじきが、道端に坐っていました。ところが、ナザレのイエスが来ていると聞き及んで「ダビデ王の子孫のイエス様、私めを哀れんで下さい」と声を張り上げて叫び始めました。近くに居た多くの人達が、彼をたしなめて黙らせようとしましたが、彼はますます大声を出して「ダビデの子、私を哀れんで下さい」と言いました。これを聞いたイエスは立ち止まって「彼を呼んで来なさい」と言われましたので、人々はその盲人を呼んで「心配しないで良い。さあ立ちなさい。おまえを呼んでおられる」と言いました。

盲人は上着を脱ぎ捨て、小踊りしてイエスのみもとにやって来ました。そこでイエスは彼に言われました「私に何をして欲しいのか」。その盲人は言いました「先生、目が見えるようになることです」。

イエスは即座に「さあ、行くが良い。あなたの信仰があなたを救ったのだ」と言われました。するとどうでしょう。彼の目はたちまち見えるようになったので、イエスの行かれるところに従って行きました。

エルサレムへの入場、実のないいちじくの木をのろう、イエスの宮きよめ

「彼らエルサレムに近づき、オリブ山の麓なるベテパゲ及びベタニヤに到りし時、イエス二人の弟子を遣さんとして言ひ給ふ『むかひの村にゆけ、其處に入らば、頓て人の未だ乗りたることなき驢馬の子の繋ぎあるを見ん、それを解きて牽き來れ。誰かもし汝らに「なにゆゑ然するか」と言はば「主の用なり、彼ただちに返さん」といへ』、弟子たち往きて、門の外の路に驢馬の子の繋ぎあるを見て解きたれば、其處に立つ人々のうちの或者『なんじら驢馬の子を解きて何とするか』と言ふ。弟子たちイエスの告げ給ひし如く言ひしに、彼ら許せり。斯て弟子たち驢馬の子をイエスの許に牽ききたり、己が衣をその上に置きたれば、イエス之に乗り給ふ。多くの人は己が衣を、或人は野より伐り取りたる樹の枝を途に敷く。かつ前に往き後に従ふ者ども呼はりて言ふ、『「ホサナ、讃むべきかな、主の御名によりて來る者」、讃むべきかな、今し來る我らの父ダビデの國、「いと高き處にてホサナ」』、遂にエルサレムに到りて宮に入り、凡ての物を見回し、時はや暮に及びたれば、十二弟子と共にベタニヤに出で往きたまふ。あくる日かれらベタニヤより出で來りし時、イエス飢ゑ給ふ。遙に葉ある無花果の樹を見て、果をや

得んと其のもとに到り給ひしに、葉のほかに何をも見出し給はず、是は無花果の時ならぬに因る。イエスその樹に對ひて言ひたまふ『今より後いつまでも、人なんぢの果を食はざれ』、弟子たち之を聞けり。

彼らエルサレムに到る。イエス宮に入り、その内にて賣買する者どもを逐ひ出し、兩替する者の臺、鴿を賣るものの腰掛を倒し、また器物を持ちて宮の内を過ぐることを免し給はず。かつ敎へて言ひ給ふ『「わが家は、もろもろの國人の祈の家と稱へらるべし」と錄されたるにあらずや、然るに汝らは之を「強盗の巣」となせり』、祭司長・學者ら之を聞き、如何にしてかイエスを亡さんと謀る、それは群衆みな其の敎に驚きたれば、彼を懼れしなり。

夕になる毎に、イエス弟子たちと共に都を出でゆき給ふ」（第一一章一～一九節）。

イエス一行がエルサレムの近くに來て、オリブ山の麓にあるベテパゲとベタニヤ附近に到着した時、イエスは二人の弟子を使いに出すため呼び寄せて言われました「向いの村に行きなさい。村に入るとすぐ、未だ唯も乗ったことのないろばの子が、つながれているのを見るであろう。その綱をほどいて引いて来なさい。もし、唯かゞあなた達に『どうして、そんなことをするのか』と問われゝば、『私達の主が入り用なのです。すぐに、こゝへ連れ返されます』と言いなさい」。

そこで、二人の弟子達は出かけて行きますと、表通りにある家の門の外側に、ろばの子がつながれているのが見えたので、その綱を解きました。すると、そこに立っている人々の一人が「あなた達は、そのろばの子の綱をほどいてどうするのか」と言いました。弟子達が、イエスの言われた通りのことを話すと、彼らは許してくれました。

そこで、弟子達はそのろばの子を引いてイエスのもとに連れて来て、自分達の上着をその上に投げ掛けると、イエスはその上に乗られました。すると、多くの人達も自分の上着を脱いで道に敷き、又、或る人達は葉のついた木の枝を野原から切って来て道に敷きました。そして、前に行く人々も、あとに従う者達も大声で言いました。

「ホサナ（※アラム語の『ホシャナー』のギリシャ語音字で『私たちを救って下さい』と言う意味だそうです）。

主の御名によって来られた方に、祝福あれ。今きたる私達の父ダビデの国に、祝福あれ。いと高き所に、ホサナ」。

このようにして、遂にイエス一行は、エルサレムに到着して、神殿に入られました。そして、凡てのものを見て回った後、時もはや遅くなったので、十二弟子を連れてベタニヤに出て行かれました。

翌日になり、彼等がベタニヤを出発して後、イエスは空腹を覚えられました。見渡すと遙か先の方に、葉の茂ったいちじくの木が見えましたので、その実を取ろうと近寄って見ましたが、葉のほかには何もありませんでした。それもその筈、いちじくのなる季節ではなかったからです。

それで、イエスはその木に向って言われました「今から後はいつまでも、おまえの実を食べる者がないように」。弟子達はこれを聞いていました。

それからイエス一行は、エルサレムに着き、イエスは神殿の中へ入られました。そして、その中で物品の売り買いしている人達を追い出し始め、両替人が使用している台や、鳩を売る者の腰掛けを倒し、人々が器具を持って神殿の中を通り抜けることをお許しになりませんでした。

そこで、彼等に教えて言われました『私の家は、あらゆる国民の祈の家と呼ばれるべきである』と書かれてあるではないか。それなのに、あなた達はそれを『強盗の巣のようなもの』にしてしまった」。

祭司長、律法学者たちは、これを聞いて、どのようにしてイエスを殺そうかと、互に相談しました。なぜなら、群衆が皆イエスの教えに驚歎していたので、彼らがイエスを恐れたからであります。

夕方になるといつものように、イエスは弟子達を連れて、都の外に出て行きました。

枯れたいちじくの木の教訓とイエスの権威に関する質問

「彼ら朝早く路をすぎしに、無花果の樹の根より枯れたるを見る。ペテロ思ひ出して、イエスに言ふ『ラビ見給へ、詛ひ給ひし無花果の樹は枯れたり』、イエス答へて言ひ給ふ『神を信ぜよ。誠に汝らに告ぐ、人もし此の山に「移りて海に入れ」と言ふとも、其の言ふところ必ず成るべしと信じて、心に疑はずば、その如く成るべし。この故に汝らに告ぐ、凡て祈りて願ふ事は、すでに得たりと信ぜよ、然らば得べし。また立ちて祈るとき、人を怨むることあらば免せ、これは天に在す汝らの父の、汝らの過失を免し給はん爲なり』。

かれら又エルサレムに到る。イエス宮の内を歩み給ふとき、祭司長・學者・長老たち御許に來りて、『何の權威をもて此等の事をなすか。誰が此等の事を爲すべき權威を授けしか』と言ふ。イエス言ひ給ふ『われ一言、なんぢらに問はん、答へよ、然らば我も何の權威をもて、此等の事を爲すか告げん。ヨハネのバプテスマは、天よりか、人よりか、我に答へよ』、彼ら互に論じて言ふ『もし天よりと言はば「何故かれを信ぜざりし」と言はん。然れど人よりと言はんか…』

彼ら群衆を恐れたり、人みなヨハネを實に預言者と認めたればなり。遂にイエスに答へて『知らず』と言ふ。イエス言ひ給ふ『われも何の權威もて此等の事を爲すか、汝らに告げじ』」（第一一章二〇章～三三節）。

イエスとその弟子達が、次の日の朝早く道を通っていると、昨日見たあのいちじくの木が、根元から枯れているの見ました。ペテロは昨日のことを思い出して、イエスに言いました「先生、ご覧下さい。あなたが呪われたいちじくの木が、枯れています」。

すると、イエスは答えて言われました。

「父なる神を信じなさい。誠に、汝らに良く言っておく、唯であってもこの山に向って『動いて海の中に入れ』と言い、その言った通りのことが必ず起ると信じて疑わなければ、その通りになるでしょう。良く聞きなさい。凡て祈りて求めることは、既に叶えられたと心から信じるならば、その通りになります。又、立って祈るとき、唯かに対してもし恨み事があったとしても、赦してあげなさい。そうすれば、天に居ます汝らの父なる神は、汝等の過ちを赦して下さるであろう」。

それから、彼らはまたエルサレムにやって来ました。イエスが神殿の中を歩いておられると、祭司長、律法学者、長老たちが、御許にやって来て言いました「あなたは何の権威によって、これらのことをしておられるですか。誰がこのようなことをする権威をあなたに授けたのですか」。

イエスは彼らに言われました「一言お尋ねしますので、それに答えて下さい。そうすれば、私も何の権威に基いて、これらのことをしているか、お話ししよう。それでは、ヨハネのバプテスマは天からによるものか、人からによるものであったか答えなさい」。

彼らは互に論じ合い「もし、天からだと言えば『それでは、なぜ彼を信じなかったのか』と言うように違いない。しかし、人からだと言えば…」。色々と検討したが、彼らは群衆を大変恐れていました。それは、人々が皆ヨハネを誠に予言者であると信じていたからであります。それで困った末、彼らはイエスに言いました「わかりません」。

そこで、イエスは彼らに向って「私も何の権威に基いてこれらの事をするのか、あなた方に話しません」と言いました。

悪い農夫のたとえと納税義務について

「イエス譬をもて彼らに語り出で給ふ『ある人、葡萄園を造り、籬を環らし、酒槽の穴を掘り、櫓をたて、農夫どもに貸して、遠く旅立せり。時いたりて農夫より葡萄園の所得を受取らんとて、僕をその許に遣ししに、彼ら之を執へて打ちたたき、空手にて歸らしめたり。又ほかの僕を遣ししに、その首に傷つけ、かつ辱しめたり。また他の者を遣ししに、之を殺したり。又ほかの多くの僕をも、或は打ち或は殺したり。なほ一人あり、即ち其の愛しむ子なり「わが子は敬ふならん」と言ひて、最後に之を遣ししに、かの農夫ども互に言ふ「これは世嗣なり、いざ之を殺さん、然らばその嗣業は、我らのものとなるべし」、乃ち執へて之を殺し、葡萄園の外に投げ棄てたり。然らば葡萄園の主、なにを爲さんか、來りて農夫どもを亡ぼし、葡萄園を他の者どもに與ふべし。汝ら聖書に「造家者らの棄てたる石は、これぞ隅の首石となれる。これ主によりて成れるにて、我らの目には奇しきなり」とある句をすら讀まぬか』、ここに彼等イエスを執へんと思ひたれど、群衆を恐れたり、この譬の己らを指して言ひ給へるを悟りしに因る。遂にイエスを離れて去り往けり。

かくて彼らイエスの言尾をとらへて陥入れん爲に、パリサイ人とヘロデ黨との中より、數人を御許に遣す。その者ども來りて言ふ『師よ、我らは知る、汝は眞にして、誰をも憚りたまふ事なし、人の外貌を見ず、眞をもて神の道を教へ給へばなり。我ら貢をカイザルに納むるは、宜きか、惡しきか、納めんか、納めざらんか』、イエス其の詐偽なるを知りて『なんぞ我を試むるか、デナリを持ち來りて我に見せよ』と言ひ給へば、彼ら持ち來る。イエス言ひ給ふ『これは誰の像、たれの號なるか』『カイザルのなり』と答ふ。イエス言ひ給ふ『カイザルの物はカイザルに、神の物は神に納めよ』、彼らイエスに就きて甚だ怪しめり」(第一二章一～一七節)。

続いてイエスは譬を用いて、彼等に話し始めました「或る人がぶどう園を造って、ぐるりと垣をめぐらし、酒ぶねの穴を掘り、見張りやぐらを建てて、農夫たちにそれを貸し、遠い旅に出かけました。

実りの季節が到来したので、ぶどう園の収穫の分けまえを受け取るため、しもべを農夫達のところへ遣しました。すると、彼らはそのしもべをつかまえて、袋だたきにした上、何も持たせないで帰らせました。そこで又、別のしもべを遣しましたが、今度はその頭を殴って傷つけ、その上侮辱までしました。次の又、別のしもべを送りましたが、彼らはそのしもべを到頭殺してしまったのです。尚も多くのしもべ達を遣しましたが、彼らを打ったり、殺したりしました。

最後の手段として、もう一人いました。それは彼の愛する息子であります。『自分の息子であれば敬ってくれるであろう』と考えて、農夫たちのもとへ遣しました。ところが、彼らは『あれは、あと取りだ。だから殺してしまおう。そうすれば、その財産は我らのものだ』と互に話し合い、彼を捕えて殺し、ぶどう園の外に投げ捨ててしまったのです。

さあ、このぶどう園の主人はどうするでしょうか。彼は戻って来て、農夫たちを打ち殺し、ぶどう園を他の人達に与えるでありましょう。あなた方は、聖書の中にある次の句を読んだことがないのか。

『家造りの人達が、見捨てた石、

それが隅のかしら石となった。

これは主がなされたことで、

私達の目には、不思議に映る』」。

彼等はこの譬え話が、自分達のことを指して語られていると悟ったので、何とかしてイエスを捕えようと思ったが、群衆を恐れて出来ませんでした。それで、彼らはイエスをそこに残して立ち去りました。

そこで彼等は、イエスの言葉じりを捕えて、彼を陥れようと考え、パリサイ人（※ユダヤ教の中でも戒律を重んじ、これを厳格に守ろうとする人達）とヘロデ党（※ローマやギリシャの思想を取り入れ、ローマの支配に満足し乍らも、総督よりもヘロデ王家の支配を望んだ人々）

の人達の中より数人を選んで、イエスの御許に遣しました。

彼らはイエスのところへやって來て言いました「先生、私達はあなたが真実なお方で、唯をもはばかられないことを存じ上げています。あなたは人を外観だけで判断せず、真理に基いて、神の道を教え導いておられるからであります。

ところで、私達が税金をカイザル（※もともとはローマの独裁執政官ユリウス・カイザルのことであったが、後々のローマ皇帝の称号となった）に納めることは、律法にかなっているのでしょうか。良いことなのですか。悪いことなのですか。納めるべきでしょうか。それとも納めてはいけないのでしょうか」（納めて良いと言えば、パリサイ人達は反撥するでしょう。納めるべきではないと言えば、ヘロデ党の人たちは、直ちにローマ皇帝に訴えるでしょう）。

イエスは彼らの偽善をすぐに見抜いて「どうして、私を試そうとするのか。デナリ銀貨を持って来て、私に見せなさい」と言いました。彼らはそれを持って来てイエスに見せました。

そこでイエスは彼らに言われました「これは、唯の肖像、唯の銘ですか」。彼等は答えました「カイザルのです」。するとイエスは言われました「それでは、カイザルの物はカイザルに、神のものは神に納めなさい」。

彼等はイエスについて、大変驚歎しました。

復活についてと一番大切な戒めとは、
又、律法学者達の偽善と心からの献金とは

「また復活なしと云ふサドカイ人ら、イエスに來りて問いて言ふ。『師よ、モーセは、人の兄弟もし子なく妻を遺して死なば、その兄弟、かれの妻を娶りて、兄弟のために嗣子を擧ぐべしと、我らに書き遺したり。爰に七人の兄弟ありて、兄、妻を娶り、嗣子なくして死に、第二の者その女を娶り、また嗣子なくして死に、第三の者もまた然なし、七人とも嗣子なくして死に、遂に其の女も死にたり。復活のとき彼らみな甦へらんに、この女は誰の妻たるべきか、七人これを妻としたればなり』イエス言ひ給ふ『なんぢらの誤れるは、聖書をも、神の能力をも、知らぬ故ならずや。人、死人の中より甦へる時は、娶らず、嫁がず、天に在る御使たちの如くなるなり。死にたる者の甦へる事に就きては、モーセの書の中なる柴の條に、神モーセに「われはアブラハムの神、イサクの神、ヤコブの神なり」と告げ給ひし事あるを、未だ読まぬか。神は死にたる者の神にあらず、生ける者の神なり。なんぢら大に誤れり』

學者の一人、かれらの論じをるを聞き、イエスの善く答へ給へるを知り、進み出でて問ふ『すべての誡命のうち、何か第一になる』、イエス答へたまふ『第一は是なり「イスラエルよ聽け、

主なる我らの神は唯一の主なり。

なんぢ心を盡し、精神を盡し、思を盡し、力を盡して、主なる汝の神を愛すべし」、第二は是なり「おのれの如く汝の隣を愛すべし」、此の二つより大なる誡命なし』、學者いふ『善きかな師よ「神は唯一にして他に神なし」と言ひ給へるは眞なり、「こころを盡し、智慧を盡し、力を盡して神を愛し、また己のごとく隣を愛する」は、もろもろの燔祭および犧牲に勝るなり』、イエスその聰く答へしを見て言ひ給ふ『なんぢ神の國に遠からず』、此の後たれも敢てイエスに問ふ者なかりき。イエス宮にて敎ふるとき、答へて言ひ給ふ『なにゆゑ學者らはキリストをダビデの子と言ふか。ダビデ聖靈に感じて自らいへり「主わが主に言ひ給ふ。我なんぢの敵を汝の足の下に置くまでは、我が右に坐せよ」と。ダビデ自ら彼を主と言ふ。されば爭でその子ならんや』

大なる群衆は喜びてイエスに聽きたり。イエスその敎のうちに言ひたまふ『學者らに心せよ、彼らは長き衣を著て歩むこと、市場にての敬禮、會堂での上座、饗宴の上席を好み、また寡婦らの家を呑み、外見をつくりて長き祈をなす。その受くる審判は更に嚴しからん』

イエス賽銭函に對ひて坐し、群衆の錢を賽銭函に投げ入るるを見給ふ。富める多くの者は、多く投げ入れしが、一人の貧しき寡婦きたりて、レプタ二つを投げ入れたり、即ち五厘ほどなり。イエス弟子たちを呼び寄せて言ひ給ふ『まことに汝らに告ぐ、この貧しき寡婦は、賽銭函に投げ入るる凡ての人よりも多く投げ入れたり。凡ての者は、その豊なる内よりなげ入れ、この寡婦は其の乏しき中より、凡ての所有、即ち己が生命の料をことごとく投げ入れたればなり』」(第一二章一八~四四節)。

さて、復活はないと主張していたサドカイ人(※ユダヤ教の中の一派で、ファリサイ派が尊重してきた口頭伝承を拒否し、既に成文化していたモーセ五書だけに権威を認め、従って、復活、天使、霊等に否定的な人々)達が、イエスのところにやって来て質問しました。

「先生、モーセは『或る人が子をもうけないで妻だけを残して死んだ場合、その兄弟は彼の妻と結婚して、彼のために世継ぎをもうけなければならない』と書き記されています。

さて、こゝに七人の兄弟がいたとします。長男が妻を娶りましたが、子がなくて死んだので、次男がその女を妻としましたが、彼もやはり子をもうけずに死にました。三男もまた同様でした。このようにして、七人共みな子を残さないで死に、とうとうその女も死んでしまったとします。復活があって彼らが皆甦った時、この女は唯の妻なのでしょうか。かつて七人共彼女を妻としたのですが」。

イエスは彼等に言われました。

「あなた方は、大変な思い違いをしています。それは聖書も神の力も、ご存知ないからでしょう。人が死人の中より甦えるときは、性別が無いので娶ったり、結婚したりすることはありません。たゞ、天にいる御使い達のようになるだけです。

死人の甦えりについては、モーセ五書の中の柴の篇（※モーセ五書の一つ出エジプト記第三章二〜六節の中で、燃え盡きることのない柴の内より神がモーセに語りかけられた箇所）に何と書かれてあるか読んだことがないのか。

神はモーセに「私はアブラハム（※イスラエル民族の族長）の神、イサク（※三大族長の一人で、アブラハムとその妻サラが年をとってから生れた子）の神、ヤコブ（※イサクとサラの間に生れた双子の息子の弟で、後にイスラエルと改名）の神である」と言っているではないか（即ち、モーセの先祖達の神でもあり、彼らは霊的には生きているのです）。

神は死んだ者の神ではなく、生きている者の神なのだ。あなた方は大変な思い違いをしている」。

律法学者の一人が来て、彼らが互いに論じ合っているのを聞いておりましたが、イエスが見事に答えられたのを認めて、イエスの前に進み出て尋ねました「凡ての戒めの中で、どれが一番大切ですか」。

イエスは答えられました「一番大切な戒めはこれである『イスラエルよ、良く聞きなさい。

主である私達の神は、唯一の主である。心を尽くし、精神を尽くし、思いを尽くし、力を尽くして、主であるあなたの神を愛しなさい』。第二はこれである『自分を愛する如く、あなたの隣り人を愛しなさい』。この二つより大切な戒めは、他にありません」。

すると、この律法学者はイエスに言いました「先生、全く仰せの通りです『神は唯一無二であって、その他には神はなし』と言われたのは、その通りです。又、『心を尽くし、知恵を尽くし、力を尽くして神を愛し、また己の如くに隣り人を愛する』ことは、どのような動物を焼くお供え物や、いけにえよりも、はるかに大切なことです」。

イエスは、彼が賢い返事をしたのを見て、彼に言われました「あなたは、神の国から遠くない」。この後は、あえてイエスに質問しようとする者は、唯もいなくなりました。

イエスが神殿で教えておられる時に言われました「律法学者達は、どうしてキリストをダビデの子と呼ぶのか。ダビデ自身が聖霊を感じて言っている『父なる神が、わが主に言われました。私があなたの敵をあなたの足下にひれ伏させるまで、私の右側に座っていなさい』。このように、ダビデ自身がキリストを主と呼んでいるではないか。それなのに、どうしてキリストがダビデの子であろうか」。大勢の群衆は、イエスの言われていることを喜んで聞いておりました。

イエスはその教えの中で言われました「律法学者達に良く気をつけなさい。彼等は長い衣を着て歩き回ったり、広場で挨拶されたり、会堂で上席に座ったり、宴会での上座が大好きです。また、やもめ達の家を食いつぶし、見えを張って長い祈りをします。彼らは一層厳しい裁きを受けるのです」。

それから、イエスはさいせん箱に向って座り、人々が金銭をさいせん箱に投げ入れている様子をご覧になっていました。多くの金持ちは、大金を投げ入れていました。

そこへ一人の貧しいやもめがやって来て、レプタ銅貨（※最小額単位の銅貨）二つを投げ入れました。それは一コドラントに当ります。その時、イエスは弟子達を呼び寄せて、言われました「真にあなた方に良く言っておく。この貧しいやもめは、さいせん箱に投げ入れていたどの人達よりも、たくさん投げ入れたのだ。他の凡ての人々は、あり余るお金の中から投げ入れたが、この女は乏しい中から、凡ての持ち物、その生活費の全部を投げ入れたからである」。

世の終りの前兆とは何か、
弟子達への迫害や偽予言出現の予告

「イエス宮を出で給ふとき、弟子の一人ひふ『師よ、見給へ、これらの石、これらの建造物、いかに盛ならずや』イエス言ひ給ふ「なんぢ此等の大なる建造物を見るか、一つの石も崩されずしては石の上に殘らじ』

オリブ山にて宮の方に對ひて坐し給へるに、ペテロ、ヤコブ、ヨハネ、アンデレ窃かに問ふ、『われらに告げ給へ、これらの事は何時あるか、又すべて此等の事の成し遂げられんとする時は、如何なる兆あるか』、イエス語り出で給ふ『なんぢら人に惑されぬやうに心せよ、多くの者わが名を冒し來り「われは夫なり」と言ひて多くの人を惑さん。戰爭と戰爭の噂とを聞くとき懼るな、斯る事はあるべきなり、然れど未だ終にはあらず。即ち「民は民に、國は國に逆ひて起たん』また處々に地震あり、饑饉あらん、これらは産みの苦難の始なり。汝等みづから心せよ、人々なんぢらを衆議所に付さん。なんぢら會堂に曳かれて打たれ、且わが故によりて、司たち及び王たちの前に立てられん、これは證をなさん爲なり。斯て福音は先づもろもろの國人に宣傳へらるべし。人々なんぢらを曳きて付さんとき、何を言はんと預じめ思ひ煩ふな、唯そのとき授けらるることを言へ、これ言ふ者は汝等にあらず聖靈なり。兄弟は兄弟を、父は子を死にわたし、子らは親たちに逆ひ立ちて死なしめん。又なんぢら我が名の故に凡ての人に憎まれん、然れど終まで耐へ忍ぶ者は救はるべし。「荒す惡むべき者」の立つべからざる所に立つを見ば（讀むもの悟れ）その時ユダヤにをる者どもは、山に遁れよ。屋の上にをる者は、内に下るな。また家の物を取り出さんとて内に入るな。畑にをる者は上衣を取らんとて歸るな。其の日は孕りたる女と、乳を哺する女とは禍害なるかな。この事の、冬おこらぬやうに祈れ、その日は患難の日なればなり。神の萬物を造り給ひし開闢より今に至るまで、斯る患難はなく、また後にもなからん。主その日を少くし給はずば、救はるる者、一人だになからん。然れど其の選び給ひし選民の爲に、その日を少くし給へり。其の時なんぢらに「視よ、キリスト此處にあり」「視よ、彼處にあり」と言ふ者ありとも信ずな。僞キリスト・僞預言者ら起りて、徴と不思議とを行ひ、爲し得べくば、選民をも惑さんとするなり。汝らは心せよ、預じめ之を皆なんぢらに告げおくなり』（第一三章一～二三節）。

イエスが神殿から出て行かれる時、弟子の一人がイエスに言いました「先生、ご覧ください。これらは何と見事な石ではありませんか。

又、これも何と立派な建物ではありませんか」。イエスは彼に言われました「あなたは、この大きな建物を見ているのか。土台石の一つも崩されないまま無傷で他の石の上に残ることはないであろう」。

イエスがオリブ山で、神殿の方に向って座っておられると、ペテロ、ヤコブ、ヨハネ、アンドレが、ひそかにイエスに尋ねました「どうぞ私共にお教え下さい。何時そんなことが起るのでしょうか。又、そのようなことが凡て実現するような時は、何か前兆があるのでしょうか」。

イエスは彼等に語り始めました。

「あなた達は、人に惑わされないように、良く気をつけなさい。多くの人が私の名を名のって現れ『私がそれだ』と言って、多くの人達を惑すであろう。

戦争になったり、戦争の噂を聞いてもあわててはならない。それは起り得ることであって、終りが来たのでない。『民族は民族に、国は国に敵対して起ち上がるであろう』。又、あちらこちらに地震があり、ききんも起るであろう。しかし、これらのことは産みの苦しみの初めなのだ。

あなた方は、良く自(みづか)ら気をつけていなさい。あなた達は、私のために人々によって議会に引き渡され、会堂でむち打たれ、総督や王たちの前に立たされるであろう。それは、彼らに対してあかしをするためである。このようにして、福音はまず凡ての国民に宣べ伝え始められるであろう。

人々があなた達を捕えて引き渡そうとする時、何を言えば良いかと、前もって心配する必要はない。ただその時は、各自に示されることを語るが良い。これを語る者はあなた方ではなく、聖霊だからである。

また、兄弟が兄弟を、父が子を殺し、子が両親に逆らって殺したりするであろう。

そして、あなた方は、私の名のゆえに皆の者に、憎まれるであろう。しかし、最後まで耐え忍ぶ者達は救われます。

『世の中を荒廃させ憎むべき者』が、立ってはならない所に立つのを見たならば（読者よ、悟りなさい）、その時ユダヤに居る人々は、山に逃げなさい。屋上にいる者は、降りて来てはならない。又、家から何かを取り出そうとして、中に入るな、畑にいる者は、上着を取りに帰ってはなりません。

その日は、身重の女と乳飲み子を抱える女たちにとっては、特に悲惨な日である。この事が冬に起らないように祈りなさい。その日は患難の日であるからです。

父なる神が天地創造して以来、今日に至る迄、未だかつてこのような患難は無く、今後も決して起り得ないでしょう。もし、主なる神が患難の日数を少くして下さらないならば、救われる人は一人だに居ないでしょう。しかし、神が選んだ選ばれし民のために、その日数を少くして下さるのです。

その時、あなた達に『見なさい、ここにキリストが居る』『見なさい、あそこに居る』と言う者が居たとしても信じてはならない。にせキリストやにせ予言者たちが現われて、しるしと不思議なことをやって見せ、でき得れば、選ばれし民をも惑わそうとするであろう。

従って、あなた達は良く良く気をつけていなさい。私はあなた方に、何もかも凡ての事を、事前に話しました」。

人の子の来臨とそれを待つ人々の心構え

『其の時、その患難ののち、日は暗く、月は光を發たず、星は空より隕ち、天にある萬象、震い動かん。其のとき人々、人の子の大なる能力と榮光とをもて、雲に乗り來るを見ん。その時かれは使者たちを遣して、地の極より天の極まで、四方より、其の選民をあつめん。

無花果の樹よりの譬を學べ、その枝すでに柔かくなりて葉芽めば、夏の近きを知る。斯のごとく此等のことの起るを見ば、人の子すでに近づきて門邊にいたるを知れ。誠に汝らに告ぐ、これらの事ことごとく成るまで、今の代は過ぎ逝くことなし。天地は過ぎゆかん、然れど我が言は過ぎ逝くことなし。その日その時を知る者なし。天にある使者たちも知らず、子も知らず、ただ父のみ知り給ふ。心して目を覺しをれ、汝等その時の何時なるかを知らぬ故なり。例へば家を出づる時その僕どもに權を委ねて、各自の努を定め、更に門守に、目を覺しをれと、命じ置きて遠くに旅立したる人のごとし。この故に目を覺しをれ、家の主人の歸るは、夕か、夜半か、鶏鳴くころか、夜明か、いづれの時なるかを知らねばなり。恐らくは俄に歸りて、汝らの眠れるを見ん。わが汝らに告ぐるは、凡ての人に告ぐるなり。目を覺しをれ』（第一三章二四〜三七節）。

「この患難の後、或る時急に日が暗くなり、月はその光を放たず、星が天から落ち、森羅万象は揺り動かされるであろう。その時、人の子が偉大な力と栄光を帯び、雲に乗って降りて来るのを、人々は見るであろう。その際に、人の子は御使い達を派遣して、地の果てから天の果てまで四方八方から、選びの民を集めるであろう。

いちじくの木から譬を学び取りなさい。その枝が柔らかくなり葉が出てくるようになると、夏が近づいたことがわかります。そのように、これらの事が起るのを見たなら、人の子が既に戸口まで近づいていると知りなさい。

あなた達に良く言っておく。既に話した事が悉く起こってしまう迄は、この時代は過ぎ去ることはない。

この天地は滅びるであろう。しかし、私の言葉は滅びることは無いのだ。その日、その時がいつであるかは、唯にもわからない。天の御使い達も知らないし、人の子も知らない。たゞ、父なる神だけが知っておられます。

良く気をつけて、目を覚していなさい。その時がいつ来るのか、あなた方は知らないからです。

それはちょうど、遠くへ旅に出る人が、その出発に際して、そのしもべ達にそれぞれ仕事を割り振って責任を持たせ、門番には良く目を覚しておれと命じるようなものです。

それだから、目を覚していなさい。家の主人が帰って来るのは何時なのか、夕方なのか、夜中なのか、鶏の鳴く頃か、明け方なのか。良くわからないからである。

多分、主人が突然に帰って来て、彼らの寝惚け顔を見ることになるでしょう。私があなた方に話している事は、凡ての人達にも言っているのだ。目を覚していなさい」。

或る女がイエスに香油を注ぐ、イエスを殺す企みとユダの裏切り、裏切り者への警告

「さて過越と除酵との祭の二日前となりぬ。祭司長・學者ら詭計をもてイエスを捕へ、かつ殺さんと企てて言ふ。『祭の間は爲すべからず、恐らくは民の亂あるべし』

イエス、ベタニヤに在して、癩病人シモンの家にて食事の席につき居給ふとき、或女價高き混なきナルドの香油の入りたる石膏の壺を持ち來り、その壺を毀ちてイエスの首に注ぎたり。ある人々、憤ほりて互に言ふ『なに故かく濫に油を費すか、この油を三百デナリ餘に賣りて、貧しき者に施すことを得たりしものを』、而して甚く女を咎む。イエス言ひ給ふ『その爲すに任せよ、何ぞこの女を悩ますか、我に善き事をなせり。貧しき者は、常に汝らと偕にをれば、何時にても心のままに助け得べし、然れど我は常に汝らと偕にをらず。此の女は、なし得る限をなして、我が體に香油をそそぎ、預じめ葬りの備をなせり。誠に汝らに告ぐ、全世界、何處にても、福音の宣傳へらるる處には、この女の爲しし事も記念として語らるべし』

爰に十二弟子の一人なるイスカリオテのユダ、イエスを賣らんとて祭司長らの許にゆく。

彼等これを聞きて喜び、銀を與へんと約したれば、ユダ如何してか機好くイエスを付さんと謀る。

除酵祭の初の日、即ち過越の羔羊を屠るべき日、弟子たちイエスに言ふ『過越の食をなし給ふために我らが何處に往きて備ふることを望み給ふか』、イエス二人の弟子を遣さんとして言ひたまふ『都に往け、然らば水をいれたる瓶を持つ人、なんぢらに遇ふべし。之に從ひ往き、その入る所の家主に「師いふ、われ弟子らと共に過越の食を爲すべき座敷は何處なるか」と言へ。然らば調へ備へたる大なる二階座敷を見すべし。其處に我のために備へよ』、弟子たち出で往きて都に入り、イエスの言ひ給ひし如くなるを見て過越の設備をなせり。

日暮れてイエス十二弟子とともに往き、みな席に就きて食するとき言ひ給ふ『まことに汝らに告ぐ、我と共に食する汝らの中の一人、われを賣らん』、弟子たち憂ひて一人一人『われなるか』と言ひ出でしに、イエス言ひたまふ『十二のうち一人にて我と共にパンを鉢に浸す者は夫なり。實に人の子は己に就きて錄されたる如く逝くなり、然れど人の子を賣る者は禍害なるかな、その人は生れざりし方よかりしものを』（第一四章一～二一節）。

その後、過越祭（※ユダヤ教三大祭りの一つで、イスラエル人のエジプトからの脱出を祝うもの。アビブの月《太陽暦で言えば、三～四月の春分の日の満月の夜》の十五日に始まり七日間続く。この期間中は無酵母パンしか食べてはならないとされている。元来は一日だけの祭りであったが、後に除酵祭と結びつけられて七日間となった）と除酵祭が二日後に迫って来ました。祭司長や律法学者たちが、策略を用いてでも何とかしてイエスを捕えて殺そうと、懸命に思案していました。それでも、「祭りの間だけはいけない。民衆が騒ぎを起すに違いない」と話し合いました。

イエスがベタニヤの町のシモンと言うらい病人の家で、食事の席についておられる時、一人の女が、大変高価で純粋なナルドの香油（※ヒマラヤ原産の「甘松香」の根から抽出した香油）の入った石膏のつぼを持って来て、そのつぼを割って、香油をイエスの頭に注ぎかけました。近くに居たある人々がこれを見て憤慨して互に言いました「どうして、このような高価な香油をむだに費すのか。この香油を三百デナリ以上に売れば、貧しい人達に施しができたものを」。このように言って、人々が彼女を責め立てました。

その時、イエスは言われました「彼女がするまゝに任せなさい。どうして、この女を困らせるのですか。私のために良い事をしてくれたのだ。貧しい人達は、いつもあなた方と一緒に居るので、施しをしようと思えば、何時でも心のまゝにすることが出来ます。

しかし、私がいつもあなた方と共に居ることは出来ません。この女は、でき得る限りのことを私にしてくれたのだ。私のからだに香油を注ぎ、前もって葬りの用意をしてくれたのです。真に、あなた達に良く言っておく、全世界のどこであろうとも、福音が宣べ伝えられる所においては、彼女のした事が記念として語り継がれるであろう」。

ところで、イエス十二弟子の一人でイスカリオテのユダと言ふ者が、イエスを売ろうと考えて祭司長達のもとへ出かけて行きました。彼らはこれを聞いて喜び、金を与えることを約束しました。それでユダは、どのようにしたらイエスを引き渡せるかと、機会をねらっていました。

除酵祭の初日、即ち、過越祭の行事の小羊をほふる日に、弟子達がイエスに尋ねて言いました「過越の食事の準備を、私たちは何処ですれば良いのでしょうか」。イエスは二人の弟子を使いに出すため呼び寄せて、言われました。

「都に行きなさい。すると水がめを運んでいる人に出合うでしょう。その人の後について行きなさい。そして、その人が入って行った家の主人に言いなさい『弟子達と一緒に過越の食事をする座敷はどこか、と私共の先生が言っておられます』と。そうすれば、そこの主人が、既に席が整えられ準備が出来ている二階の広間を見せてくれるでしょう。そこに私たちのための用意をしなさい」。弟子たちがベタニヤを出て都に入ると、正しくイエスの言われた通りであったので、そこで彼等は、過越の食事の用意をしました。

夕方になって、イエスは十二弟子と共に広間に入られ、みんなが席に着いて食事をしている時、イエスは彼らに言われました「真にあなた方に良く言っておく、私と一緒に食事をしている汝らの中の一人が、私を裏切るであろう」。弟子たちは心配して、「まさか私ではないでしょうね」と、かわるがわる言い出しました。そこでイエスは言われました「十二人のうちの一人で、私と一緒にパンを鉢に浸す者がそれである。確かに人の子は、彼について書かれてある通りに去って行く。しかし、人の子を裏切るような者は、のろわれる。そのような人は、生まれて来なかった方が良かったのだ」。

最後の晩餐とペテロ否認の予告、ゲッセマネでのイエスの祈りと逮捕

「彼ら食しをる時、イエス、パンを取り、祝してさき、弟子たちに與へて言ひたまふ『取れ、これは我が體なり』、また酒杯を取り、謝して彼らに與へ給へば、皆この酒杯より飲めり。また言ひ給ふ『これは契約の我が血、おほくの人の爲に流す所のものなり。誠に汝らに告ぐ、神の國にて新しきものを飲む日までは、われ葡萄の果より成るものを飲まじ』

かれら讃美をうたひて後、オリブ山に出で行く。

イエス弟子たちに言ひ給ふ『なんぢら皆躓かん、それは「われ牧羊者を打たん、然らば羊、散るべし」と録されたるなり。然れど我よみがへりて後、なんぢらに先だちてガリラヤに往かん』、時にペテロ、イエスに言ふ『假令みな躓くとも我は然らじ』、イエス言ひ給ふ「まことに汝に告ぐ、今日この夜、鶏ふたたび鳴く前に、なんじ三たび我を否むべし』、ペテロ力をこめて言ふ『われ汝とともに死ぬべき事ありとも汝を否まず』、弟子たち皆かく言へり。

彼らゲッセマネと名づくる處に到りし時、イエス弟子たちに言ひ給ふ『わが祈る間、ここに坐せよ』、斯てペテロ、ヤコブ、ヨハネを伴ひゆき、甚く驚き、かつ悲しみ出でて言ひ給ふ、『わが心いたく憂ひて死ぬばかりなり、汝ら此處に留りて目を覺しをれ』、少し進みゆきて、地に平伏し、若し得べくば此の時の己より過ぎ往かんことを祈りて言ひ給ふ、『アバ父よ、父には能はぬ事なし、此の酒杯を我より取り去り給へ、されど我が意のままを成さんとにあらず、御意のままを成し給へ』、來りて、その眠れるを見、ペテロに言ひ給ふ『シモンよ、なんぢ眠るか、一時も目を覺しをること能はぬか。なんぢら誘惑に陥らぬよう目を覺し、かつ祈れ。實に心は熱すれども肉體よわきなり』、再びゆき、同じ言にて祈り給ふ。また來りて彼らの眠れるを見たまふ、是その目、いたく疲れたるなり、彼ら何と答ふべきかを知らざりき。三度來りて言ひたまふ『今は眠りて休め、足れり、時きたれり。視よ、人の子は罪人らの手に付さるるなり。起て、われら往くべし。視よ、我を賣る者ちかづけり』
なほ語りゐ給ふほどに、十二弟子の一人なるユダ、やがて近づき來る、祭司長・學者・長老らより遣されたる群衆、劒と棒とを持ちて之に伴ふ。イエス賣るもの、預じめ合圖を示して言ふ『わが接吻する者はそれなり、之を捕へて確と引きゆけ』、斯て來りて直ちに御許に往き『ラビ』と言ひて接吻したれば、人々イエスに手をかけて捕ふ。傍らに立つ者のひとり、劒を抜き、大祭司の僕を撃ちて、耳を切り落せり。イエス人々に對ひて言ひ給ふ『なんぢら強盜にむかふ如く劒と棒とを持ち、我を捕へんとて出で來るか。我は日々なんぢらと偕に宮にありて敎へたりしに、我を執へざりき、然れど是は聖書の言の成就せん爲なり』、其のとき弟子みなイエスを棄てて逃げ去る。
ある若者、素肌に亜麻布を纏ひて、イエスに從ひたりしに、人々これを捕へれば、亞麻布を棄て裸にて逃げ去れり」（第一四章二二～五二節）。

皆の者が一緒に食事をしている時、イエスはパンを取り、これを祝福して裂き、弟子達に与えて言われました「取りなさい、これは私のからだである」。又、杯を取り、感謝の意をさゝげて後、彼らに与えられると、一同はその杯を飲み干しました。その時、イエスは言われました

「これは、多くの人々のために流す私の契約の血である。良く聞いておくが良い。神の国で新たに酒を飲む日までは、私は二度と、ぶどうの実から造ったものを飲むことは、決してありません」。

そして、彼ら一同は、賛美歌を歌って後、オリブ山へ出かけて行きました。

その時、イエスは弟子達に言われました「あなた方は皆、私につまづくだろう。それは『わたしが羊飼いを打つ。さすれば、羊は散らされるであろう』と書かれてある通りである。しかし私は甦えって後、あなた方より先に、ガリラヤに行きます」。するとペテロが、イエスに言いました「たとえ皆の者がつまづいたとしても、私はつまづきません」。

イエスは彼に言われました「あなたに良く言っておく。今夜、鶏が二度鳴く前に、あなたは私を知らないと、三度言います」。ペテロは力を込めて言い返しました「たとい、先生とご一緒に死ななければならなくなっても、先生を知らないなどとは、決して言いません」。他の弟子たちも皆、同じようなことを言いました。

イエス一行が、ゲッセマネ（※エルサレムの東側で、キドロンの谷を東に渡ったところで、オリブ山の西麓にある園）という所にやって来た時、イエスは弟子たちに言われました「私が祈っている間、こゝに座っていなさい」。そして、ペテロ、ヤコブ、ヨハネの三人の弟子だけを連れて行かれたが、イエスは非常な恐れを現わし、かつ悲しんで彼らに言われた「私の心は悲しみのあまり、死ぬ思いです。こゝで待っていて、良く目を覚していなさい」。それから、イエスは少し進んで行き、地面にひれ伏し、もしできる事なら、この時を自分より過ぎ去らせてくださるようにと祈り続けました。

そして、「アバ、父よ、あなた様には、できないことは何もありません。どうかこの苦杯を私から取り去って下さい。しかし、私の思いを優先させるのではなく、みこころのままになさって下さい」と祈られました。

イエスが引き返して見ると、三人の弟子達は眠っていました。そこでペテロに言われました「シモンよ、眠っているのか。一刻も目を覚ましていることができないのか。誘惑に陥らないように、良く目を覚まして祈りなさい。誠に心は燃えているが、肉体が弱いのだ」。

再びイエスは彼らから離れて行き、同じ言葉で祈られました。又、帰って来てご覧になると、彼等は三人共眠っていました。その日は大変疲れていたので、眠けがさしていたからです。彼らは恥ずかしくて、イエスにどうお答えして良いのかわかりませんでした。

イエスが三度目の祈りを終え帰って来て、彼等に言われました「まだ眠って休んでいるのか、もう十分でしょう。時が来た。見なさい。人の子は罪人たちの手に引き渡されるのだ。立ちなさい。さあ行こう。見よ、私を裏切る者が近づいて来た」。

するとすぐ、イエスがまだ話しておられる時に、十二弟子の一人であるユダが近づいてきました。また、祭司長、律法学者、長老等から差し向けられた群衆も、手に手に剣や棒を持って彼について来ました。

イエスを裏切る者は、彼らと予め打合せて、合図をする方法を決めていたのです「私が口づけする者がその人です。その者を捕えて、しっかりと連れて行くのだ」と。

ユダは迷わず真っ直ぐに、イエスの御許に行き、「先生」と言って口づけしました。そこで、彼について来た群衆は一齊にイエスに手をかけ捕えました。イエスの近くに立っていた者の一人が、剣を抜いて大祭司のしもべに切りかゝり、その片耳を切り落しました。

イエスは群衆に向って言われました「あなた達は、まるで強盗にでも立ち向うかのように、剣や棒を持って私を捕えにやって来たのか。私は毎日あなた達と共に宮に居て、教えていたのに、私を捕えなかった。しかし、これは聖書の言葉が成就される爲である」。その時、イエスの弟子達は皆、師を見捨てゝ逃げ去りました。

成る若者が、素肌に亜麻布をまとって、イエスにつき従っておりましたが、人々がイエスを捕えたので、その亜麻布を脱ぎ捨てゝ、裸で逃げて行きました。

全議会でのイエスとペテロの否認

「人々イエスを大祭司の許に曳き往きたれば、祭司長・長老・學者ら皆あつまる。ペテロ遠く離れてイエスに從ひ、大祭司の中庭まで入り、下役どもと共に坐して火に煖まりゐたり。さて祭司長ら及び全議會、イエスを死に定めんとて、證據を求むれども得ず。夫はイエスに對して僞證する者、多くあれども其の證據あはざりしなり。遂に或者ども起ちて僞證して言ふ、『われら此の人の「われは手にて造りたる此の宮を毀ち、手にて造らぬ他の宮を三日にて建つべし」と云へるを聞けり』、然れど尚この證據もあはざりき。爰に大祭司、中に立ちイエスに問ひて言ふ『なんぢ何をも答へぬか、此の人々の立つる證據は如何に』、然れどイエス默して何をも答へ給はず。大祭司ふたたび問ひて言ふ『なんぢは頌むべきものの子キリストなるか』、イエス言ひ給ふ『われは夫なり、汝ら人の子の、全能者の右に坐し、天の雲の中にありて來るを見ん』、このとき大祭司おのが衣を裂きて言ふ『なんぞ他に證人を求めん。なんぢら此の瀆言を聞けり、如何に思ふか』、かれら擧りてイエスを死に當るべきもの定む。而して或者どもはイエスに唾し、又その顏を蔽ひ拳にて搏ちなど爲始めて言ふ、『預言せよ』、下役どもイエスを受け、手掌にてうてり。
ペテロ下にて中庭にをりしに、大祭司の婢女の一人きたりて、ペテロの火に煖まりをるを見、これに目を注めて『なんぢも、かのナザレ人イエスと偕に居たり』と言ふ。ペテロ肯はずして『われは汝の言ふことを知らず、又その意をも悟らず』と言ひて庭口に出でたり。婢女かれを見て、また傍らに立つ者どもに『この人は、かの黨與なり』と言ひ出でしに、ペテロ重ねて肯はず、暫くしてまた傍らに立つ者どもペテロに言ふ『なんぢは慥に、かの黨與なり、汝もガリラヤ人なり』、此の時ペテロ盟ひ、かつ誓ひて『われは汝らの言ふ其の人を知らず』と言ひ出づ。その折しも、また鶏鳴きぬ。ペテロ『にはとり二度なく前に、なんぢ三度われを否まん』とイエスの言ひ給ひし御言を思ひいだし、思ひ反して泣きたり」(第一四章五三〜七二節)。

人々がイエスを大祭司のところへ連れて行くと、祭司長、長老、律法学者たちが皆集ってきました。ペテロは遙かに離れてイエスの後を追い、大祭司の居る役所の中庭まで入り込み、その下役人達に混じって座り、火にあたっていました。

さて、祭司長たちや全議会は、何とかしてイエスを死刑にしようと、イエスに不利な証拠集めに奔走しましたが、結局見つかりませんでした。それは、多くの者がイエスについて偽証したが、その証言が一致しなかったからであります。

遂に、或る人達が立ち上り、イエスに関し偽証して言いました「私達はこの人が『私は人手で造ったこの神殿を打ち壊わし、手で造らない新しい神殿を、三日のうちに建てるのだ』と言っているのを聞きました」と。しかし、この証言も互に一致しませんでした。

業を煮やした大祭司は、立ち上って真中に進み出て、イエスに問いただしました「あなたは何故何も答えないのか、これらの人々が証言していることは本当なのか」。しかし、イエスは黙ったまゝで、何にもお答えになりませんでした。

そこで大祭司は、再び、イエスに質問しました「あなたは、ほむべき者の子であるキリストですか」。イエスはやっと答えて言いました「正しく私はそれである。あなた達は、人の子が全能の神の右に座り、天の雲に乗って降りて来るのを見るであろう」。

その時、大祭司は自分の衣を引き裂いて言いました「どうして、これ以外に証人が必要であろうか。あなた方は、このけがし言を聞いたであろう。どう思いますか」。

すると、彼らは皆、イエスが死刑に相当する罪があると判断しました。そして、或る者達はイエスにつばきをかけ、又、ある人々はイエスに目隠しをしてこぶしで殴って、「唯か言い当てゝみろ」と言ったりし始めました。下役人共はイエスを受け取りましたが、手の平でたゝいたりしました。

ペテロは下の中庭にいましたが、大祭司の女中の一人が降りて来て、ペテロが火にあたっているのを見かけ、じっと彼を見つめて言いました「あなたは、あのナザレ人のイエスと一緒に居ましたね」。すると、ペテロはそれを打ち消して「あなたが何を言っているのか良くわからない。どうしてそんなことを言うのか見当もつかない」と言って、庭の出口の方に向いました。しかし、その女中は尚もペテロを見つめて、そばに立っている人達に、またも「この人は、イエスの仲間です」と言い始めました。ペテロは再度、否定しました。

暫くして後、そばに立っている人々がまたまたペテロに言いました「あなたは確かに、あの人の仲間だ、あなたもガリラヤ人なのだから」。それでもペテロは「あなた達の話しているその人を、私は知りません」と否定して、頑強に誓いました。

丁度、その時、鶏が二度目に鳴きました。ペテロは「鶏が二度鳴く前に、あなたは三度私を知らないと言うだろう」とイエスが言われた言葉を思い出し、思い返して泣き続けました。

ピラトの前でのイエスと死刑の宣告、イエスに対する兵士達のあざけりと十字架

「夜明るや直ちに、祭司長・長老・學者ら、即ち全議會ともに相議りて、イエスを縛り曳きゆきて、ピラトに付す。ピラト、イエスに問ひて言ふ『なんぢはユダヤ人の王なるか』答へて言ひ給ふ『なんぢの言ふが如し』

祭司長ら、さまざまに訴ふれば、ピラトまた問ひて言ふ『なにも答へぬか、視よ、如何に多くの事をもて訴ふるか』、されどピラトの怪しむばかりイエス更に何をも答へ給はず。さて祭の時には、ピラト民の願に任せて、囚人ひとりを赦す例なるが、爰に一揆を起し、人を殺して繋がれをる者の中に、バラバといふ者あり。群衆すすみ來りて、例の如くせんことを願ひ出でたれば、ピラト答へて言ふ『ユダヤ人の王を赦さんことを願ふか』、これピラト、祭司長らのイエスを付ししは、嫉に因ると知る故なり。然れど祭司長ら群衆を唆かし、反ってバラバを赦さんことを願はしむ。ピラトまた答へて言ふ『さらば汝らがユダヤ人の王と稱ふる者を我いかに爲べきか』、人々また叫びて言ふ『十字架につけよ』、ピラト言ふ『そも彼は何の惡事を爲したるか』かれら烈しく叫びて『十字架につけよ』と言ふ。ピラト群衆の望を滿さんとて、バラ

バを釋し、イエスを鞭ちたるのち、十字架につくる爲にわたせり。

兵卒どもイエスを官邸の中庭に連れゆき、全隊を呼び集めて、彼に紫色の衣を著せ、茨の冠冕を編みて冠らせ、『ユダヤ人の王、安かれ』と禮をなし始め、また葦にて、其の首をたたき、唾し、跪づきて拜せり。

かく嘲弄してのち、紫色の衣を剥ぎ、故の衣を著せ十字架につけんとて曳き出せり。時にアレキサンデルとルポスとの父シモンといふクレネ人、田舍より來りて通りかかりしに、強ひてイエスの十字架を負はせ、イエスをゴルゴタ、釋けば髑髏といふ處に連れ往けり。斯て沒藥を混ぜたる葡萄酒を與へたれど、受け給はず、彼らイエスを十字架につけ、而して誰が何を取るべきと、鬮を引きて其の衣を分つ、イエスを十字架につけしは、朝の九時頃なりき。その罪標には『ユダヤ人の王』と書せり。イエスと共に、二人の強盜を十字架につけ、一人をその右に、一人をその左に置く。往來の者どもイエスを譏り、首を振りて言ふ『ああ宮を毀ちて三日のうちに建つる者よ、十字架より下りて己を救へ』、祭司長らも亦同じく學者らと共に嘲弄して互に言ふ『人を救ひて、己を救ふこと能はず、イスラエルの王キリスト、いま十字架より下りよかし、然らば我ら見て信ぜん』、共に十字架につけられたる者どもも、イエスを罵りたり」

（第一五章一～三二節）。

夜が明けるとすぐに、祭司長、長老、律法学者たちが、全議会と共に協議した結果、イエスを縛って連れ出し、ピラト（※ローマ帝国の第五代ユダヤ総督で、ユダヤ、サマリア、イドマヤを治めた「ポンティオ・ピラト」のこと）に引き渡しました。

ピラトはイエスに尋ねました「あなたが、ユダヤ人の王ですか」。イエスは「あなたの言われる通りです」とお答えになりました。そこで、祭司長たちは、イエスについて、色々と訴えました。ピラトは再びイエスに尋ねました「何も答えないのですか。見なさい。彼らは次々と、あなたについて多くの事を訴えているではありませんか」。それでも、イエスはピラトが不思議に感じる程、何もお答えになりませんでした。

ところで、過越の祭りのたびごとに、ピラトは人々が願い出た囚人を一人だけ赦免するのを習わしとしていました。ここに、一揆を起して、人殺しをしたとして捕えられている暴徒の中に、バラバという者がおりました。

群衆がピラトのもとへやって来て、いつものようにして欲しいと願い出たので、ピラトは彼らに答えて言いました「おまえ達は、ユダヤ人の王を赦して欲しいと言うのか」。それは、祭司長たちがイエスを引き渡して来たのは、ねたみによるものだと、ピラトは気付いていたからであります。

しかし、祭司長たちは、バラバの方を赦免してもらうように、群衆を煽動したのでした。ピラトは、再び言いました「それでは、おまえ達がユダヤ人の王と呼んでいるあの人を、私にどうせよと言うのか」。人々は大声を挙げて言いました「十字架につけよ」。ピラトは更に言いました「そもそも、あの人は、いったいどんな悪事をしたと言うのか」。それでも、彼らは問答無用とばかりに、一層激しく叫んで「十字架につけよ」と言いました。それでとうとうピラトは、群衆のきげんをとろうと考え、バラバを赦し、イエスを鞭打って後、十字架につけるために兵卒に引き渡したのでした。

彼らはイエスを総督官邸の中庭に連れて行き、全部隊を呼び集めました。それから、イエスに紫色の衣を着せ、茨で編んだ冠をかぶらせ、「ユダヤ人の王、ばんざい」と叫んで敬礼をし始めました。又、葦の棒でイエスの頭を叩き、つばきをかけたり、跪いて拝んだりしました。

このようにして、イエスをさんざん嘲弄した後、紫色の衣を剥ぎ取り、元の衣に着せ替えました。そして、イエスを十字架につけるため引き出しました。丁度その時、アレキサンデルとルポスとの父であるシモンというクレネ人が、田舎から出て来て通りかゝりましたので、人々は無理遣り彼に、イエスの十字架を背負わせました。

それから、イエスをゴルゴダ（その意味はされこうべ）という小高い丘に連れて行きました。

そして、イエスに没薬（※ミルラ樹から抽出した香油で苦味がある）を混ぜたぶどう酒を与えようとしましたが、お受けにはなりませんでした。その後、彼等はイエスを十字架につけ、唯が何を取るかをくじ引きで決めて、イエスの衣を分けました。イエスを十字架につけた時刻は、朝の九時頃でした。

イエスの罪状書には「ユダヤ人の王」と書かれてあるだけでした。イエスと共に十字架につけられたのは二人の強盗で、イエスを中心にして、一人は右に、もう一人は左に置かれました。

処刑場の前を通りかゝった人々は、頭を振り乍ら、イエスをののしって言いました「ああ、神殿を打ち壊して三日の間で建てる者よ、十字架より降りて来て、自分を救え」。又、祭司長たちや律法学者たちも、共に一緒になってかわるがわるイエスをあざけって言いました「他人を救えても、自分を救うことができないイスラエルの王キリストよ、只今、十字架より降りて来るが良い。それを見れば、我々も信じよう」。共に十字架につけられている強盗たちさえも、イエスをののしりました。

イエスの十字架上での死と埋葬

「晝の十二時に、地のうへ遍く暗くなりて、三時に及ぶ。三時にイエス大聲に『エロイ、エロイ、ラマ、サバクタニ』と呼り給ふ。之を釋けば、わが神、わが神、なんぞ我を見棄て給ひし、との意なり。傍らに立つ者のうち或る人々これを聞きて言ふ『視よ、エリヤを呼ぶなり』、一人はしり往きて、海綿に酸き葡萄酒を含ませて葦につけ、イエスに飲しめて言ふ『待て、エリヤ來りて、彼を下すや否や、我ら之を見ん』、イエス大聲を出して息絶え給ふ。聖所の幕、上より下まで裂けて二つとなりたり。イエスに向ひて立てる百卒長かかる様にて息絶え給ひしを見て言ふ『實にこの人は神の子なりき』、また遙に望み居たる女等あり、その中にはマグダラのマリヤ、小ヤコブとヨセとの母マリヤ及びサロメなども居たり。彼らはイエスのガリラヤに居給ひしとき、從ひ事へし者どもなり。此の他イエスと共にエルサレムに上りし多くの女もありき。

日既に暮れて、準備日、即ち安息日の前の日となりたれば、貴き議員にして、神の國を待ち望める、アリマタヤのヨセフ來りて、憚らずピラトの許に往き、イエスの屍體を乞ふ。ピラト、イエスは早や死にしかと訝り、百卒長を呼びて、その死にしより時經しや否やを問ひ、既に死にたる事を百卒長より聞き知りて、屍體をヨセフに與ふ。ヨセフ亞麻布を買ひ、イエスを取下して之に包み、岩に鑿りたる墓に納め、墓の入口に石を轉ばし置く。マグダラのマリヤとヨセフの母マリヤとイエスを納めし處を見ゐたり」（第一五章三三～四七節）。

昼の十二時になると、全地が暗くなって来て午後三時迄続きました。三時になった時、イエスは大声で「エロイ、エロイ、ラマ、サバクタニ」と叫ばれました。それを訳すると「わが神、わが神、どうして私をお見捨てになったのですか」と言う意味であります。

そばに立っている人々の中の或る人達が、これを聞いて「それ、エリヤ（※B．C．八五九～八四五年、イスラエル初期の大予言者、列王紀上ご参照）を呼んでいるぞ」と言いました。すると一人の人が走り出て、海綿にすっぱいぶどう酒を含ませて、それを葦の棒の先につけ、イエスに飲ませようとし乍ら言いました「待ちましょう。エリヤがやって来て彼を十字架より降ろすかどうか、見ようじゃありませんか」。その時、イエスは大声を張り上げて、遂に息を引き取られました。すると、神殿の幕が上から下迄真二つに張りさけました。

イエスの正面に立っていた百人隊長（※ローマ軍の将校）は、イエスがこのような状況で息を引き取られたのを見て「真に、このお方は神の子であった」と言いました。

又、遙か遠くから見ていた女達がいました。その中には、マグダラ出身のマリヤ（※七つの悪霊に取り付かれていたが、イエスによって癒された婦人、ルカ伝第八章二～三節ご参照）、小ヤコブ（イエスの十二使徒の一人）とヨセ（小ヤコブの兄弟）の母マリヤとサロメ（※イエス十二使徒であるヤコブとヨハネの母と推定されている）がいました。

彼女たちはイエスがガリラヤ地方に居られた時、そのあとに付き従っていた女達でありま す。この他にも、イエスと共にエルサレムに上って来た沢山の女達もいました。

さて、すっかり日が暮れてしまいました。その日は備えの日、即ち安息日の前日であったので、アリマタヤ出身のヨセフが大胆にもピラトのもとへ赴き、イエスの死体の下げ渡しを願い出ました。彼は地位の高い議員で、彼自身は神の国の到来を待ち望んでいたのでした。ピラトは、イエスがもう死んでしまったのかと不審に思い、百人隊長を呼び寄せ、イエスが死んでどれ位時を経ているのかを尋ねました。そして、イエスが既に死んでいることを百人隊長から確認した上で、その死体をヨセフに渡しました。

そこで、ヨセフは白い亜麻布を買い求め、イエスの死体を十字架より取り下してこの亜麻布に包みました。それから、岩を掘って作った墓にそれを納め、墓の入口には大きな石を転がして置きました。マグダラのマリヤとヨセフのマリヤが、イエスが納められているところを良く見とどけました。

イエスの復活とマグダラのマリヤへの顕現

十一使徒への顕現とその派遣　昇天

「安息日終りし時、マグダラのマリヤ、ヤコブの母マリヤ及びサロメ往きて、イエスに抹らんとて香料を買ひ、一週の首の日、日の出でたる頃いと早く墓にゆく。唯か我らの爲に墓の入口より石を轉ばすべきと語り合ひしに、目を擧ぐれば、石の既に轉ばしあるを見る。この石は甚だ大なりき。墓に入り、右の方に白き衣を著たる若者の坐するを見て甚く驚く。若者いふ『おどろくな、汝らは十字架につけられ給ひしナザレのイエスを尋ぬれど、既に甦へりて、此處に在さず。視よ、納めし處は此處なり。然れど往きて、弟子たちとペテロとに告げよ「汝らに先だちてガリラヤに往き給ふ、彼處にて謁ゆるを得ん、曾て汝らに言ひ給ひし如し」』、女等いたく驚きをののき、墓より逃出でしが、懼れたれば一言をも人に語らざりき。

〔一週の首の日の拂曉、イエス甦へりて先づマグダラのマリヤに現れたまふ、前にイエスが七つの惡鬼を逐ひいだし給ひし女なり。マリヤ往きて、イエスと偕にありし人々の泣き悲しみ居るときに之に告ぐ。彼らイエスの活き給へる事と、マリヤに見え給ひし事とを聞けども信ぜざりき。
此の後その中の二人、田舎に往く途を歩むほどに、イエス異りたる姿にて現れ給ふ。此の二人ゆきて、他の弟子たちに之を告げたれど、なほ信ぜざりき。
其ののち十一弟子の食しをる時に、イエス現れて、己が甦へりたるを見し者どもの言を信ぜざりしにより、其の信仰なきと、其の心の頑固なるとを責め給ふ。斯て彼らに言ひたまふ『全世界を巡りて凡ての造られしものに福音を宣傳へよ。信じてバプテスマを受く者は救はるべし、然れど信ぜぬ者は罪に定めらるべし。信ずる者には此等の徴、ともなはん。即ち我が名によりて悪鬼を逐ひいだし、新しき言をかたり、蛇を握るとも、毒を飲むとも、害を受けず、病める者に手をつけなば癒えん』
語り終へてのち、主イエスは天に擧げられ、神の右に坐し給ふ。弟子たち出でて、遍く福音を宣傳へ、主も亦ともに働き、伴ふところの徴をもて、御言を確うし給へり」（第一六章一〜二〇節）。マルコ傳・福音書　をはり
安息日も終り、マグダラのマリヤと小ヤコブの母マリヤ及びサロメが、イエスの体に塗るための香油を買い求めに行きました。
そして、次の週の初めの日の朝早く、日の出の時刻に墓へ行きました。墓の入口にあったあ

の大きな石を、転がしてくれる人が唯か居るでしょうかと話し乍らやって来たのでした。ところが、目を上げて見ると、非常に大きなあの石が、既に転がされておりました。そこで彼女達が墓の中に入って行くと、その右手の方に、真白な衣を着た若者が座って居るのが見えましたので、彼女たちは大変驚きました。

すると、その若者が言いました「別に驚くことはありません。あなた方は、十字架につけられたナザレ人のイエス様を探しているのでしょうけれど、あの方は、既に甦えられて、こゝにはおられません。ご覧なさい。あの方が納められていた場所はここです。

ですから、お弟子達やペテロの所へ行って、こう伝えて下さい『イエス様は、あなた方に先立ってガリラヤに行かれました。既に言われておりましたように、そこでお会いできるでしょう』と」。

彼女たちは、大変驚き恐れて、墓から出て逃げ去りました。そして、あまりにも恐ろしかったので、唯にも一言も喋りませんでした。

「次の週の初めの日の早朝には、既にイエスは甦えって居て、先ずマグダラのマリヤの前にそのお姿を現わされたのでした。彼女は以前に、イエスによって、七つの悪霊を追い出してもらい、難病を癒された者です。

マリヤは、イエスと一緒にいた弟子達が泣き悲しんでいる所へ行き、イエスが現れたことを知らせました。しかし、彼らはイエスが生きておられる事や、マリヤの前にそのお姿を現わされたと聞いても、信じようとしませんでした。

この後、その他の彼女たちの二人が、いなかの方に向って歩いていると、イエスは別のお姿で二人の前にご自身を現わされました。この二人も、他の弟子達の所へ戻って、この事を話しましたが、彼らは尚もその話を信じませんでした。

しかし、その後、ユダを除く十一人の弟子達が食事している所へ、イエスはお姿を現わされました。そして、彼らの不信仰とその心のかたくなさをお責めになりました。それは彼らが、甦えられたイエスを見たと言う人達の言葉を信じなかったからであります。

それから、イエスは彼等に言われました「全世界へ出て行って、凡ての造られた者達に、福音を宣べ伝えなさい。信じてバプテスマを受ける者達は救われます。しかし、福音を信じない者達は罪に定められます。

信じる者達には、次のようなしるしが伴います。即ち、私の名によって悪霊を追い出し、新しい言葉を語り、たとい蛇をつかんでも、毒を飲んでも害を受けません。又、病人に手を置けば、その病人は癒されます」。」

このように弟子達に話されて後、イエスは天にあげられて、父なる神の右側に座られたのであります。そして、弟子達は四方八方へ出て行って、至る所で福音を宣べ伝えました。主イエスの聖霊も弟子達と共に働き、御言葉に伴うしるしをもって、その御言葉の確かなことをお示しになりました。

以上で、四福音書の中では一番初めに書かれ、受難物語以外は殆んどが口頭伝承に基いて書かれたとされるマルコ伝を遂条解釈すると共に、他の福音書も参考にして、イエス誕生から十字架上の死と復活までを、霊感に導かれるまゝに書き記しました。

結論

イエスは旧約聖書に書かれている予言通りに、肉的姿にてこの世に送り込まれました。

人類は、その祖アダムによる原罪、ご先祖様から受け継がれて来ている罪なる性質、善悪の判断が出来るにも拘らず我々が犯す個々の罪、これら三重の罪のもと、飽くなき欲望を追求し、もがき苦しんでいる状態です。これは、昔も今も変りなく、国家間の対立、部族間の対立、個々人の対立等様々な対立を生じさせております。神は断じて罪を大目に見たり、罪と妥協したりすることをなさらないお方です。「それ罪(つみ)の拂(はら)う價(あたひ)は死(し)なり、然(さ)れど神(かみ)の賜物(たまもの)は我(われ)らの主(しゅ)キリスト・イエスにありて受(う)くる永遠(とこしへ)の生命(いのち)なり」（ロマ書第六章二三節）とありますように、罪人は凡て火の池（ゲヘナ）に投げ込まれる運命にあります（ヨハネの黙示録第二〇章一五節ご参照）

しかし、慈しみ深い神は、人類救済の最後の方法をお示しになりました。それは、神の獨子イエスを肉的姿でこの世に送り込まれたことであります。

イエスは聖霊による処女降誕という方法によりこの世に来られ、アダムの原罪や先祖からの罪の性質を断ち切られました。勿論、イエスご自身そのご一涯に於て一度も罪を犯されませんでした。このように、清い身だからこそ、サタンの悪霊の支配下にある人類を、その罪の奴隷市場から解放できる資格があるのであります。

イエスは父なる神のご命令により人類の凡ての罪を、その一身に背負い、肉的な迷いもありましたが、自ら進んで十字架にかゝり、清い血を流して下さったのであります。これに勝れる愛があるでしょうか。

イエスは肉的死の寸前「事畢(ことをは)りぬ」(ヨハネ伝第一九章三〇節ご参照)と叫ばれたとありますが、これは人類を罪の奴隷市場から解放する爲の代価を完済したと言う意味であります。

罪の奴隷市場から人類を解放すべく、その代価が完済されたと言っても、そこから脱出しようという強い意志が無ければ、繋がれたまゝの状態であります。

即ち、主イエスが私達罪人の身代りとなって、十字架にかゝり清い血を流して下さった事実を心底より信じ、それによって罪の奴隷市場から解放された喜びに感謝することです。

そして、臨在するイエスの聖霊により頼むことです。単に知識として受け入れるのではなく、心で受け入れるのです。その瞬間、霊魂の救い即ち永遠の命が得られるのであります。これにプラスするものも無ければ、マイナスするものもありません。

「それ神はその獨子を賜ふほどに世を愛し給へり、すべて彼を信ずる者の亡びずして永遠の生命を得んためなり。神その子を世に遣したまへるは、世を審かん爲にあらず、彼によりて世の救はれん爲なり」（ヨハネ伝第三章一六～一七節）とある通りです。

一、イエスの弟子の選び方

イエスが弟子を選ぶ方法は、霊感に基づいて行われています。信仰心があるかどうかを直感的に見抜いて声をかけています。社会的に地位のある人や知識人や学者等ではありません。弟子の代表格とされたペテロ（シモン）やイエスの側近であったヤコブやヨハネは、漁師でありました。「イエス、ガリラヤの海にそひて歩みゆき、シモンと其の兄弟アンデレとが、海に網投ちをるを見給ふ。かれらは漁人なり。イエス言ひ給ふ『われに從ひきたれ、汝等をして人を漁る者とならしめん』、彼ら直に網をすてて從へり。少し進みゆきて、ゼベダイの子ヤコブとその兄弟ヨハネとを見給ふ。彼らも舟にありて網を繕ひゐたり。直に呼び給へば、父ゼベダイを雇人とともに舟に遺して從ひゆけり」（第一章一六～二〇節）。このように、聖霊に導かれて直感的に弟子としてふさわしい人だと見抜き、声をかけられています。声をかけられた方も、家族に相談することなく、即決で家族を捨てゝ、イエスに従っています。これらは皆、父なる神の聖霊によるお導きの賜物以外の何ものでもありません。

弟子となることは、主イエスに仕え従い、福音を宣べ伝えなくてはなりませんので、単なる信者と違ってハードルが高いのです。

「人もし我に來りて、その父母・妻子・兄弟・姉妹・己が生命まで憎まずば、我が弟子となるを得ず。また己が十字架を負ひて我に従ふ者ならでは、我が弟子と爲る得ず」（ルカ伝第一四章二六〜二七節）。

このような高いハードルをクリアできる弟子を直感的に見付けることは、凡人にはてとも出来ることではありませんが、父なる神の聖霊に満たされている神の子だからこそ、出来たのであります。

マルコ伝では、この弟子の条件として第八章三四節後半〜三七節では次の様に書かれています。

『人もし我に従ひ來らんと思はば、己をすて、己が十字架を負ひて我に従へ。己が生命を救はんと思ふ者は、これを失ひ、我が爲また福音の爲に己が生命をうしなふ者は、之を救はん。人、全世界を贏くとも、己が生命を損せば何の益あらん、人その生命の代に何を與へんや』。

一、本当の「信仰」とは、

マルコ伝第四章三~八節には、次のように書かれています。

『聴け、種播くもの、播かんとて出づ。播くとき路の傍らに落ちし種あり、鳥きたりて啄む。土うすき磽地に落ちし種あり、土深からぬによりて、速かに萌え出でたれど、日出でてやけ、根なき故に枯る。茨の中に落ちし種あり、茨そだち塞ぎたれば、實を結ばず。良き地に落ちし種あり、生え出でて茂り、實を結ぶこと、三十倍、六十倍、百倍せり』。

これはイエスが譬えで示された福音を受け取る側の人間を、良く言ひ表しています。

（一）　路の傍らに落ちし種

このタイプの人々は、短い人生経験による知識と五感によって得られるもの以外は信じようとはしません。従って、福音を聞いても、この世の欲、即ち、金の欲、物欲、肉欲等をサタンによって擽られゝば、福音が奪い取られてしまいます。

（二）　土うすき磽地に落ちし種

このタイプの人達は、インテリと称される方々が比較的に多いようで、福音を頭で理解して喜んですぐに受け入れますが、知識として福音を認めているだけなので、長続きしません。ハートで受け入れ、臨在する主イエスの聖霊により頼むところが無いのです。

（三）　茨の中に落ちし種

このタイプの方々は、比較的に社会的地位のある人達や金持ちが多いようで、福音を頭では理解しますが、世間体を気にしたり、社会のしがらみに縛られたりして、福音をハートで確りと受け入れることが出来ない人達であります。

（四）　良き地に落ちし種

このタイプの人達は胸襟を開いて素直に、福音を心底から受け入れ、臨在する主イエスの聖霊により頼む方々であります。

本当の「信仰」とは、父なる神がその獨子までを人類救済の最後の手段としてこの世に送り込み、その清い身に人類の凡てを背負わて十字架にかけるという荒技によって霊魂の救い（永遠の命）の道を開いて下さったという厳粛な事実を心底より信じ、臨在する主イエスの聖霊に全てを委ねることです。

「狭き門より入れ、滅にいたる門は大きく、その路は廣く、これより入る者おほし。生命にいたる門は狭く、その路は細く、之を見出すもの少なし」（マタイ伝第七章一三～一四節）。

一、凡ての戒めの中で一番大切なもの

律法学者の一人が、イエスに「すべての戒めの中で、何が一番大切な戒めですか」と尋ねた件が、マルコ伝の中に書かれています。

それに対する答えが次の通りでした。

「イエス答へたまふ『第一は是なり「イスラエルよ聴け、主なる我らの神は唯一の主なり。なんぢ心を盡し、精神を盡し、思を盡し、力を盡して、主なる汝の神を愛すべし」、第二は是なり「おのれの如く汝の隣を愛すべし」、此の二つより大なる誡命はなし』（第一二章二九～三一節）。

この世には「神」と呼ばれるものは唯一つしかありません。それは天地創造の神であり、その聖霊は、臨在して節目節目にこの世に大きな力を及ぼし、人間の歴史を作って来た神の働きの源泉であります。この世は全てが一定の法則下に置かれていますが、例外的に人間の霊魂の働きかけ次第によっては、神はその願いをお聞き届け下さるのであります。

「なやみの日にわれをよべ我なんぢを援けん而してなんぢ我をあがむべし」（詩篇第五〇篇一五節）とある通りであります。

従って、戒めの中で一番大切なことが「なんぢ心を盡し、精神を盡し、思を盡し、力を盡して、主なる汝の神を愛すべし」だと、イエスは言っておられるのであります。即ち、この世に私達を生ならしめている主なる神を先ず第一に愛することなのです。

父なる神に背を向け、たゞ自己本位に生活するような態度を悔い改めて、神を見上げ感謝する日々を送りたいものです。

第二が「おのれの如く汝の隣を愛すべし」だとイエスが言われています。かつて、騒音おばさんなる者がいて、色々な物を叩いて騒音を出し、近所迷惑している姿がテレビで放映されていましたが、これらが諍いの始めとなります。国と国との関係も同じ事です。先ず「◇おのれ◇の如く」に隣人を愛し、隣国を愛してゆこうではありませんか。

色々な戒めがある中で、この二つの戒めより大切なものはないと、イエスは言われたのであります。

一、肉的姿にてこの世に送り込まれている故のイエスの悩み

ゲッセマネでの父なる神へのイエスの祈りには、壮絶なものがありました。と言うのも当日

はイエスが捕えられ辱しめを受ける日であり、十字架につけられる前日でもあったからです。イエスは、側近のペテロ、ヤコブ、ヨハネの三人の弟子だけを連れ、その他の弟子達はそこへ残し、更に奥の方に進まれ、そこで本音を漏しています「わが心いたく憂ひて死ぬばかりなり」と。

更に、今度は一人でもっと奥の方まで進まれ、地にひれ伏して父なる神に祈っています。

「アバ父よ、父には能はぬ事なし、此の酒杯を我より取り去り給へ。されど我が意のままを成さんとにあらず、御意のまゝを成し給へ」（第一四章三六節）。

イエスは父なる神のご命令により、全人類の罪を一身に背負って十字架にかゝるという代価を支払って迄、全人類を罪の奴隷市場から解放する道を開くという使命を帯びて、この世に送られて来ていることを、百も承知しています。しかし、肉的姿にてこの世に送まれて来ている以上、イエスと言えども死にたくはないのです。

そこで父なる神に、必死に祈ったのであります。「父なる神は万能の神であらせられるから、出来ないことはありません。出来ることなら、十字架にかゝるという大使命から私をはずして下さい。しかし、我が儘を押し通すつもりはありません。父なる神の思し召しの通りにお導き下さい」。

このようにして、イエスは、父なる神のお導きのまゝに、十字架にかゝりその大使命を果されたのであります。

一、ペテロの躓き

人間とは弱いもので、イエスが捕えられるとその弟子達さえも皆、一時その場から逃げ去りました。イエスは、勿論、このことを承知して弟子たちに言っておりました「なんぢら皆躓かん」と。

しかし、十二弟子の代表格であるペテロはイエスに「假令みな躓くとも我は然らじ」と言っております。これに対しイエスは「まことに汝に告ぐ、今日この夜、鶏ふたたび鳴く前に、なんぢ三たび我を否むべし」、とペテロに言われました。それでもペテロは「われ汝とともに死ぬべき事ありとも汝を否まず」と言ひ、弟子達も皆そのように言ったとあります（第一四章二七～三一節ご参照）。

ペテロは何時も、イエスのお側近くに仕え、弟子の代表格としてのプライドがあって、「たとえ弟子達みんなが躓いたとしても、私は躓かない」と言い、「イエス様と一緒に死ななければならないとしても、私はイエス様を知らないとは言いません」と明言していたのです。

それでも、自分に害が及ぶと感じたペテロは、イエスが予め指摘した通り、鶏が二度鳴く前に、「イエスなる人を全く知らない」と三度も頑強に否定したのでした。

イエスはペテロに言われております「實に心は熱すれども肉體よわきなり」（第一四章三八節後半）。

このように、人間の心とは弱いもので、肉体に害が及ぶとなると、イエスの側近であったペテロでさえ、「イエスなる人を全く知らない」と三度も否定したのでした。

一、一〇〇パーセントのイエスへの信頼

第九章一七節～二七節に唖と聾の我が子の病気を治して欲しい一心で、必死にイエスに助けを求めている父親の姿が書かれています。

父親がイエスに「もしあなた様がお出来になるのでしたら、私達を哀れんでお助け下さい」と懇願したのでした。

すると、イエスは「爲し得ばと言ふか、信ずる者には、凡ての事なし得らるるなり」（二三節

後半）と答えました。その瞬間その父親は「われ信ず、信仰なき我を助け給へ」（二四節後半）と大声でお願いしました。

この百パーセントのイエスへの信頼により、イエスはその子供の病気を癒されたのでした。同じようなことは第一一章二二〜二三節にもあります。「イエス答へて言ひ給ふ『神を信ぜよ。誠に汝らに告ぐ、人もし此の山に「移りて海に入れ」と言ふとも、其の言ふところ必ず成るべしと信じて心に疑はずば、その如く成るべし』。と一〇〇パーセントの信頼の大切さを説いています。

「求めよ、然らば與えられん。尋ねよ、さらば見出さん。門を叩け、さらば開かれん。すべて求むる者は得、たづぬる者は見いだし、門をたたく者は開かるるなり」（マタイ伝第七章七〜八節）。

あとがき

イエスの聖霊による降誕から、十字架上での肉的死までのこの世での約三十四年間の主イエスの全体像を、出来るだけわかり易く書かせて戴いたつもりです。

旧約聖書の中からは、天地創造から始めて、キリスト誕生の予言までのあらましを書かせて戴きました。

新約聖書の中からは、マルコ伝の遂条解釈を中心に、他の福音書も参考にして補完し、イエス誕生から十字架上での死と復活までを書き、主イエスの全体像把握に努めました。

マルコ伝を中心に書かせて戴きましたのは、既に述べましたように、マルコ伝が新約聖書の四福音書の中で一番古く書かれ(紀元後七〇年頃)、十四章以降の受難物語り以外の大部分が口頭伝承を書き記したものであり、マタイ伝、ルカ伝がマルコ伝の記事を基本資料として採用しているからであります。

例えば、マタイ伝ではマルコ伝の第一章一節から第三六章八節迄の六六三節ある記事のうち、六〇五節を何らかの形で基本資料として利用していると言われています。

このように、比較的素朴でイエスの活動内容が多く書かれているので、中心資料として活用させて戴きました。

ヨハネによる福音書は、他の三福音書の内容に飽き足りず、これら三福音書を補正して真の信仰を打ち立てるべく、高度な神学的観点から書かれていますので、イエスの活動記事資料としては用いませんでした。

しかし、その神学的考察にはすばらしいものがあり、参考迄にその書き出しの部分を掲載させて戴きます。

「太初に言あり、言は神と偕にあり、言は神なりき。この言は太初に神とともに在り、萬の物これに由りて成り、成りたる物に一つとして之によらで成りたるはなし。之に生命あり、この生命は人の光なりき。光は暗黒に照る、而して暗黒は之を悟らざりき（ヨハネ伝第三章一～五節）。」

ギリシャ語の「ロゴス」を日本語に直訳すると「言葉」となりますので、このような文章となっています。

しかし、古代ギリシャ哲学では、世界の歴史に於て、凡ての事物や出来事を支配する原理や理性を指し「ロゴス」と言います。

ロゴスとは、神の言葉であって、天地創造に際しての神の意思内容だと解釈するのが妥当ではないかと思います。

ヨハネの福音書の著者は、更に一歩進めて、イエスこそが「ロゴス」だと大胆に解釈して論を進めている方もおられます。

いずれにしても、アダムの原罪、先祖達から受け継がれている罪なる性質、善悪の判断が出来るにも拘らず我々が犯す個々の罪、これら人類の罪を、父なる神のご命令により、その清い身に一身に背負って十字架上で清い血を流し、罪の奴隷市場から私達を解放するに十分な代価を支払って下さったイエス・キリストを心から信じようではありませんか。そして、キリストの聖霊に凡てを委ねて下さい。キリストは招いておられます。

「凡（すべ）て勞（らう）する者（もの）・重荷（おもに）を負（お）ふ者（もの）、われに來（きた）れ、われ汝（なんぢ）らを休（やす）ません。我（われ）は柔和（にうわ）にして心卑（こゝろひく）ければ、我（わ）が軛（くびき）を負（お）ひて我（われ）に學（まな）べ、さらば靈魂（たましひ）に休息（やすみ）を得（え）ん。わが軛（くびき）は易（やす）く、わが荷（に）は輕（かろ）ければなり」（マタイ伝第一一章二八～三〇節）。

信仰は何かをしなければならないというものではなく、神中心の立場に立つか、それとも人間本位の立場で生きるのかが問われているのであります。

祈りを通して神の聖霊に導かれ、神の御恵みの中に生きる一日は、神に背を向けた生活の千年にも遥かに勝るものであります。

（二〇一五年　二月三日改訂）

【参考文献】

『舊新約聖書』　日本聖書協会（一九六七版）
『聖書』　日本聖書協会（一九八六版）
『新約聖書』　日本聖書刊行会（三九八五版）
『聖書事典』　日本聖キリスト教団出版局
『聖書辞典』　新教出版社
『ジャポニカ』　小学館
『信じるだけで救われるか』　高木慶太　いのちのことば社

著者略歴

氏家　富緒（うじけ・とみお）

１９３３年香川県仲多度郡善通寺町（現・善通寺市）に生まれる。

１９５１年愛媛大学文理学部理学科入学、翌年中退。実家の工務店を手伝う。

１９５９年香川大学経済学部卒業。同年、江崎グリコ株式会社に入社。

１９６６年千里ニュータウン・バプテスト教会において、米国宣教師ドン・シスク師より受洗。

１９９０年江崎グリコ株式会社を退社。同年ユート開発株式会社を設立。

２０１３年ユート開発株式会社を解散。

著書

２００７年７月『神はその獨子を賜うほどに』（新生出版）

２００９年６月『神の義による恵みに生きよ』（新生出版）

２０１０年４月『神の義の恵みと怒り』（文芸社）

２０１２年４月『神との義』（ルネッサンス・アイ）
２０１３年12月『永遠の生命』（ルネッサンス・アイ）
２０１４年11月『神の怒りと死後の世界』（ルネッサンス・アイ）

キリストはいつも身近に
混乱と不安の中にある神の愛

2023年7月31日発行

著　者　氏家富緒

発行者　向田翔一

発行所　株式会社22世紀アート
〒103-0007
東京都中央区日本橋浜町 3-23-1-5F
電話　03-5941-9774
Email: info@22art.net　ホームページ：www.22art.net

発売元　株式会社日興企画
〒104-0032
東京都中央区八丁堀 4-11-10 第2SSビル 6F
電話　03-6262-8127
Email: support@nikko-kikaku.com
ホームページ：https://nikko-kikaku.com/

印刷
製本　株式会社PUBFUN

ISBN：978-4-88877-235-8